# 超級回報

## 股市贏家的賺錢法則

林 昇◎著

**目錄** contents

## Chapter 3 洞燭機先的投資方法

Chapter **4** # 有備無患的風險管理

Chapter 5 **穩紮穩打的實戰技巧**

# 在投資路上不斷前進

　　在瞬息萬變的金融市場裡，如何在風雨飄搖中穩定獲利，又能在市場波動中洞悉先機？一直是投資人追求的目標。本書為大家提供一個全面而深入的投資知識體系，幫助讀者提高獲利技能，理解投資原理，建立良好的交易心態，讓你在投資路上走得更加穩健。

　　寫作本書的初衷，源於我對投資的熱愛與探索。15 年來，我在金融領域摸爬滾打，從一個初涉市場的散戶，逐步成長為一個財富自由的投資人。在這個過程中，我體會到投資知識的重要，以及持續學習、實踐的必要性。因此，我決定將自己的經驗和心得整理成書，一來強化自己的投資信念，二來也希望能幫助更多讀者在交易的道路上取得成功。

　　本書共分為 5 個部分，涵蓋了投資的重要面向。

　　第 1 篇「縱橫股海的心路歷程」，我將講述自己的投資歷程，以及面對

市場變化應有的認知，同時分享如何擺脫散戶賠錢的命運，以及在投資前應具備的心理準備。

第2篇「投資入門的重要觀念」，我會介紹效率市場、心理素質等核心觀念，以及指數投資、因子投資等穩定收益的策略，讓讀者先建立正確的獲利觀念，為未來投資奠定基礎。

第3篇「洞燭機先的投資方法」，將深入剖析總體經濟分析、財務分析等多種分析方法，幫助讀者在投資過程中能更精確地評估風險和報酬，提高投資勝率。

第4篇「有備無患的風險管理」，則強調風險管理的重要性，教導讀者如何評估風險、避免黑天鵝事件，以及如何運用資金加減碼等方式來降低投資風險，確保資金安全。

第5篇「穩紮穩打的實戰技巧」，透過分享一系列實用的投資技巧和策略，例如追求穩定收益3寶：特別股、美國公債、可轉換公司債（簡稱「可轉債」）；利用反身性理論掌握超額獲利時機；利用因子投資追求高報酬率；以及判斷交易時機的4種方法等，讓讀者在投資實戰中能夠更加得心應手，逐步提高投資收益。

本書的獨特之處，在於它結合了理論與實踐，不僅深入剖析了投資市場的運作原理，還提供了眾多實用的投資策略和技巧。讀者在閱讀本書的過程中，將逐步掌握投資的核心要素，並在實踐中不斷磨練和提高自己的投資水平。

　　作為一本投資書籍，本書的最大價值在於能夠幫助讀者實現投資目標。閱讀本書後，將有機會提高投資收益率、降低投資風險，並拓寬投資視野。無論你是剛踏入投資領域的新手，還是已經在市場上摸爬滾打多年的老手，相信本書都能為你帶來寶貴的借鑒和啟示。

　　在此，希望這本書可以成為讀者投資路上的得力助手，陪伴你在投資這條道路上不斷前進，成為一個更出色的獲利者。同時，也期待你在閱讀本書之後，能夠將學到的知識與技巧運用到實際交易中，順利取得豐收的成果。

　　最後，真心感謝在這次寫作過程中，給予我無私支持和幫助的人。首先，感激我的家人，他們在我投入無數時間和精力於寫作的過程中，始終給予我鼓勵與支持，讓我得以專心致志地完成這本書。同時，也謝謝朋友和學生，他們對我的信任和支持，讓我有動力去深入探討投資領域的知識，並將所學分享給更多人。

更重要的是,《Smart 智富》月刊社長林正峰,和編輯團隊的黃嫈琪、周明欣小姐,在我寫作過程中給予了專業知識和豐富經驗的指導,令我受益匪淺。此外,編輯和行銷團隊的辛勤付出,也讓本書結構更加清晰易懂,使得更多人有機會欣賞這本書。在此,我要向他們表達由衷的感激之情,感謝他們的貢獻,讓本書得以完美呈現給讀者。

最後,希望你在閱讀完這本書後,對投資有更多的心得與收穫,並在實際操作中取得理想的成果。祝你投資路上一帆風順,前程似錦!

# Chapter 1

# 縱橫股海的
# 心路歷程

22.10

29.79

8.75

25.01

18.07

30.12

1-1

# 踏上財富自由之旅
## 探索持續獲利的奧祕

　　進入職場後，生活與工作的重擔壓迫著我，使我意識到單憑工作收入，不足以滿足未來的基本需求。於是，我毫不猶豫地展開了投資之旅。渴望追求財富的同時，自然要歷經一連串的挑戰與失敗，在這過程當中我逐漸學會了如何區分投資商品特性，了解市場變化，並掌握多種交易策略，終於達到穩定收益，甚至是超級回報。在這篇文章中，我將與你分享這段學習的心路歷程，期許讀者有所共鳴，進而找到適合自己的獲利策略。

## 經歷3階段，領悟成功關鍵

　　剛進入職場時，我和大多數的新鮮人一樣，對公司的規定和流程毫無違逆之心，每天都按照工作要求努力生活著。然而，職場中的許多不公平待

遇，以及在同時面對生存壓力和工作挑戰之下，我漸漸意識到自己的工作收入與生活型態，無法滿足日益成長與追逐夢想的需求。尤其是在婚後，家庭經濟壓力又進一步加大，我下定決心要擺脫困境，起心動念準備培養第二專長，開始閱讀幾本理財與投資相關書籍。

## 階段1》建立基本投資觀念

我從建立基本儲蓄觀念開始，養成節約的生活習慣，學會區分「想要」和「必要」的花費。然而，我心中明白，僅僅依靠節省開支是無法致富的。於是在累積一定本錢後，便嘗試展開實際操作。

在投資初期，因為缺乏對市場的了解和分析能力，主要依賴於朋友、同事和理專的建議，選擇了一些熱門和能見度高的商品進行投資，對於風險管理和資產配置方面知之甚少，只要聽到什麼就買什麼，但成效並不理想，這讓我更加不服輸，想要找出虧損的原因。

在經歷了幾次市場波動後，我意識到自己需要更深入地了解投資知識，於是開始大量閱讀，前後至少累積近千本書的投資觀念，至今仍要求自己每月都要有一定的閱讀量。

另外，由於當時網路不像現在這麼發達，所以只要有時間，我一定泡在

國家圖書館研究各種金融資料，同時參加無數堂的投資課程和講座，整個人就像是著了魔似的，加上家庭與小孩的開銷不斷增加生活壓力，我更堅定必須要改寫自己貧窮 DNA 的信念。事後想想，長輩説的「小孩帶財」其實是有道理的！看著孩子那雙「很萌」的雙眼，就是我最好的動機，反正也沒有退路，先拼再説吧！

## 階段2》嘗試各種投資商品

隨著投資能力的提升，我嘗試了各種投資商品，例如：ETF、股票、期貨、債券、大眾商品、選擇權、可轉換公司債（以下簡稱「可轉債」）等，並探討各種交易方式，包括資產配置、長線投資、短線進退、量化交易、當沖交易等等。這段時間的學習和實踐，讓我認識到交易多元性的重要，因為沒有哪一種投資商品是永遠上漲的，也沒有哪一種交易方式能保證永遠盈利。在不同的經濟週期下，選擇合適的商品和交易策略至關重要，因為市場的隨機性下，沒有永遠的贏家，只有持續學習才能維持穩定的獲利。

## 階段3》成為專職投資人

經歷這段投資歷程後，收益的成長讓我證明了自己當時的決定是正確的，雖然過程中遭遇許多困難與挑戰，但在不斷努力克服後，被動收入終於穩定維持在主動收入之上，於是我決定離開職場的束縛，專心培養投資能力。

回顧過去，我意識到「累積的投資能力是一筆無法被剝奪的財富」，不會因年齡或職場變化而被淘汰。而且，通過掌握多種投資商品和交易策略，我也能夠在不同的市場週期中實現穩定收益。

結合過去的經驗，我認為，成功投資這件事的關鍵在於「商品特性」、「交易策略」和「風險管理」。但是我若沒有親身走過這段天堂與地獄交織而成的旅途，其實也很難有所感悟，因為市場上的「雜訊」過多，要分辨是否「正確」有很大的難度。

在投資領域中，雜訊是指與市場基本面無關的資訊，這些資訊通常源於市場的隨機波動、投資人的心理行為、媒體報導等。雜訊對投資決策的影響極大，如果投資人沒有深厚的專業認知，很容易被干擾判斷、引發過度交易，而做出違反交易定律的行為。

比如股票的相關報導，有近 90% 都是在股票價格上漲一段時間之後才會出現，再加上行為偏誤的影響下，報導偽真性與股價的上漲幅度會高度相關。在股價低點時，報導內容其實不太會有人相信，但是如果已有一段漲幅，投資人的腦補過程就會自動強化其可信度（詳見延伸學習），不過此時的投資風險反而極高，待多數人進場之後，主力剛好來個甕中抓鱉，至於報導內容其實已船過水無痕，不是那麼重要了，鱉被抓住才是重點。

所以為了避免雜訊對投資的不良影響，永續學習是良方，學會區分有價值的資訊與無價值的雜訊，遵循正確的交易定律，方可降低雜訊對投資決策的干擾。

如果投資人沒有做到「商品特性」、「交易策略」和「風險管理」3 項，難以保持正確的思維，要穩定收益就更難了。

跟我比較熟的朋友都知道，我一般會在早上 5 點之前起床，不是因為交易的恐懼而睡不著，而是財富自由下的自律。希望這些經驗能夠鼓勵讀者持續學習，打造交易系統的複利效應。只要有獲利的決心，就不會被虧損擊倒！當然前提是「理性」，不是把命拚！

## 透過5步驟，打造致勝策略

在我投資生涯的初期，經歷了許多波折，但也在這過程中找到屬於我的獲利哲學。下面將和大家分享我如何透過各種不同的方法，找到這套成功的投資策略。

### 步驟1》藉由投資日誌檢討並修正操作方式

由於工作的要求，必須寫工作日誌與檢討報告，因此每次交易時，我始

延伸學習 ┃ 腦補心理是投資的隱形陷阱

腦補心理是指在面對資訊時，人們容易尋求和支持自己的觀點，忽略不符的資訊。在投資時，腦補心理會導致以下常見的陷阱：

1. **過度自信**：忽略市場真實情況，認為自己的策略一定正確，導致錯誤決策。
2. **無視風險**：過分樂觀，低估市場風險，導致風險管理失敗。
3. **盲目追隨**：跟隨市場趨勢，追逐熱門投資品，忽略基本面分析，增加風險。
4. **錯失機會**：堅持自己觀點，無法即時調整策略，錯失更好的投資機會。

為避免腦補心理陷阱，應保持開放思維，接受不同觀點。建立嚴格的投資流程和風險控制機制，先遵循長期策略再考慮短期進退，降低腦補心理對決策的影響。

終堅持記錄投資日誌並對其進行檢討。無論是獲利還是虧損，我都會以後面文章提到的「概率思維」和「思維模型」的邏輯為主，詳細分析自己的決策過程。這讓我在投資時，慢想不快思，逐步建立起適合自己且正確的投資方式。

### 步驟2》利用虛擬交易工具快速驗證有效性

不斷用真錢試錯，試到最後會產生恐懼感，因為再試就沒錢買奶粉了！

於是我透過虛擬交易工具，在不冒風險的情況下快速驗證策略的有效性。這一過程使我深刻認識到股市的隨機性，也讓我更加謹慎地選擇和運用交易策略。

### 步驟3》從論文、期刊等文獻中淘金、佐證

由於虛擬交易的範疇有限，所以我還會從論文、期刊等文獻中，尋找其他各種交易方法，這些資料中多會有分析過程與驗證結果，最重要的是與投資人之間沒有利害關係，因此不管有效或無效都會很清楚地顯示，不會煽動或誇大，更沒有隨機騙局、倖存者偏見。這讓我在投資過程中能夠做出更明智的決策，大幅提高獲利機會，算是收益呈現指數成長的轉捩點，也讓我從此不用再被奶粉存量影響投資決策了！

### 步驟4》透過量化分析與回測優化投資策略

量化分析與回測是我確定策略有效性的關鍵。通過將策略量化，我可以對其進行詳細的分析，找出潛在的風險和問題；回測則可以讓我驗證策略在過去的表現，從而對未來的投資結果有更高的信心。

至於交易策略是否有效，我會再使用蒙地卡羅模擬法（註1）進行壓力測試，確定其有效性的程度。好比我為何主張要分散投資？因為單一商品容易受經濟週期影響而時好時壞，若是處在不適當的週期時，就可從蒙地

卡羅模擬法的測試中看到崩潰的數據。既然科學都已經驗證不可行了，又何必跟錢過不去呢？

### 步驟5》以多元化投資組合應對市場不確定性

經過以上的過程，我意識到只使用單一策略，在投資過程中難以應對市場的多變性，許多大家在市場上看到的神技、神人，其實只是截取某段期間的績效，日子一久就會風吹雲散。

因此我開始將多種策略組合運用於投資決策中，也就是本書所談的內容。這種多元化的方法不僅可以降低風險，還能更好應對市場的不確定性，持續維持獲利的穩定性。

## 靈活運用股票、選擇權、可轉債，攻守兼備

前文有提到，我除了研究股票外，還有投資選擇權和可轉債。為何我要研究選擇權和可轉債呢？當然是因為有好處囉！下面我將為大家講解：

---

註1：蒙地卡羅模擬法是一種統計模型，通過大量的隨機抽樣來模擬各種可能的結果。這種方法基於概率理論，可以用來評估不確定性下的風險和報酬。在投資領域，蒙地卡羅模擬法被廣泛應用於評估投資組合的風險、預測市場波動，以及優化投資策略。

## 1.選擇權

選擇權是一種衍生性金融商品,有其對應的商品,若對應指數,則為指數選擇權;若對應個股,則為個股選擇權。但在台灣,選擇權主要以對應指數為主,俗稱「台指選擇權」。我會將選擇權與股票搭配使用的原因,是因為有下列好處:

①**提供多種交易策略**:選擇權提供了不同於股票投資的多種交易策略,如「買入」看漲的買權或看跌的賣權、「賣出」看漲的買權或看跌的賣權、垂直價差(註2)等。這些策略可以根據市場狀況和投資人的風險承受能力靈活運用,擴大投資手段。

②**具避險功能**:選擇權可以作為一種避險工具,對沖股票投資組合的風險。例如,投資人可以購買與持有股票相對應的看跌期權,以降低股票價格下跌帶來的損失。

③**具高槓桿效應**:選擇權具有高槓桿效應,意味著投資人可以用相對較低的成本參與市場波動,從而提高投資收益的潛力,像是股神巴菲特(Warren Buffett)也會利用選擇權增加投資的收益。不過,高槓桿效應同時也意味著較高的風險,因此投資人需要謹慎應對,一般來說,我只在損失可控的情況下去進行。

④**增強市場分析能力**：學習選擇權交易有助於提高投資者對市場的敏感性和分析能力，使投資人能夠更全面地把握市場動向，為未來的投資決策提供支持。

⑤**提供創新交易策略**：選擇權交易提供了創新的投資策略，例如組合選擇權策略，如蝶式價差、兀鷹價差（註3）等。這些策略可以讓投資者在不同市場環境下實現穩定收益，降低風險。

總之，學習選擇權可以為投資人帶來多種好處，有助於提高投資組合的整體收益和風險管理能力。然而，投資選擇權需具備較深的專業知識，有興趣的讀者，可以參考《散戶贏家林昇：實戰上萬次的選擇權獲利16招》一書，相信可以為大家開拓更廣的投資邊界。

## 2.可轉債

可轉債是一種特殊類型的公司債券，它允許持有者在特定情況下將債券

---

註2：「垂直價差」是指同時買進或賣出相同口數、月份但履約價不同的選擇權，旨在有效控制風險、限制最大虧損並降低成本。

註3：蝶式價差是指同時買進或賣出2個履約價較低的選擇權合約和2個履約價較高的選擇權合約；兀鷹價差是指買進1組履約價較低的多（空）頭價差，以及買進1組履約價較高的空（多）頭價差。

轉換成發行公司的普通股。換句話說，可轉債具有債券和股票的特性。我會將可轉債與股票搭配使用的原因，是因為有下列好處：

①**兼具股票進攻和債券防守的特性**：可轉債因具有債券特性，當股票行情不如預期時，還可領取利息，且只要公司不倒，在可轉債到期時，公司又會以約定好的價格將可轉債買回，故其價格相對穩定。此外，由於可轉債在特定情況下將債券轉換成發行公司的普通股，這表示當行情如預期上漲，有機會把可轉債換成股票，參與公司的股票價值增長。由於可轉債既享有債券的安全性，又可享有股價上漲的資本利得，因此，若將可轉債納入投資組合，有助於實現多元化，降低整體風險。

②**可折價購買潛在股票**：可轉債通常在轉換比率基礎上，有折價發行的機會，這意味著我可以通過購買可轉債，購入低於市場價格的股票。當股票價格上漲時，這種折價可以為我帶來額外的收益。

③**償還順序優先**：相對於普通公司債券，可轉債在違約時通常具有更高的償還順序。這意味著在公司破產或違約時，可轉債的償還順序優先於其他普通債券投資人。

所以我在投資股票之外，也會透過可轉債實現多元化、降低風險、提高

收益潛力等效果，以應對不同市場環境，實現更穩定的投資報酬。

那如果一般人只投資股票，也有機會大賺嗎？我不會說完全沒有機會，但在嚮往單靠操作股票大賺的同時，大家的學習、努力與風險控管成正比嗎？若沒有，那麼夢裡也許有機會！

在本章節中，我分享了個人的投資過程，從一名職場新鮮人到認識投資的重要性，以及在投資過程中經歷了儲蓄、虧損和學習。通過大量閱讀、參加投資課程和實際操作，逐漸在專業領域累積了豐富的經驗，最終實現財富自由。同時我想強調的是，成功投資的關鍵在於「商品特性」、「交易策略」和「風險管理」。只要做足這 3 件事，獲利自然會伴隨而來。

再者，應如何從錯誤中汲取教訓呢？通過虛擬交易、研究報告、量化交易與回測驗證，以及蒙地卡羅模擬法等，就可以從中找到成功策略。而這些交易邏輯之所以奏效，是因為它們全面而多角度地分析市場，挖掘潛在的風險和問題，並運用多元策略組合降低風險。同時這些認知都經過了嚴謹的驗證，使其能夠長期保持穩定的收益，減少受市場隨機性影響的可能性。最後，希望我的經歷和感悟能夠啟發大家，協助各位創建自己的盈利之路。

# 1-2

# 避開4陷阱
# 擺脫散戶賠錢命運

　　許多人在投資領域表現不佳，往往源於他們從短線交易入手，回顧我剛入門的日子，也是這樣開始的。為什麼投資新手通常會選擇短期投機呢？這是因為在資本主義社會中，愈來愈多的人將股市視為致富的途徑。然而由於行為偏誤（註1），人們經常遭受挫折，這些挫折來自諸如投資知識不足、過度自信、情緒波動、受情緒驅動的短期交易，以及重壓單一標的等陷阱。

　　因此，人們在交易時，很容易迷失在市場價格波動中，以至於無法做出明智的決策，再加上媒體報導總是放大少數成功者的報酬和收益，傳遞出一種「投資很簡單」的誤導性思維，使得許多投資新手對風險的認識不足，而忽略了市場劇變的可能。在盲目追求快速獲利的過程中，投資人恐因過

度交易和槓桿放大，以及受到過度自信和情緒波動的影響，陷入無法自拔的虧損循環。

投資確實能讓人賺到錢，但想要在股市取得成功，必須掌握正確的方法，包括大量閱讀以積累相關知識，制定可行的策略；保持理性，不受市場波動影響；培養長期投資觀念，並在此基礎上制定適時的短期策略。同時，學會分散風險，並根據經濟週期調整投資組合也至關重要。除了應對可控的失敗和遵循概率思維，還要在市場實踐中汲取教訓。如此才能在財富增值的路上取得成功，並透過複利效應獲得穩定收益。

## 陷阱1》投資知識不足

在股市中，誰都想賺錢，但應該沒人想輸錢！一項研究報告指出，大量投資人由於缺乏投資的專業知識，往往在股市中遭受損失。根據過去經驗，超過 60% 的投資人承認自己在投資決策中缺乏足夠的專業知識（其實還有很大比率是不承認的），這就是導致一般民眾投資股市時虧損的主

---

註 1：原始本能的影響下，人總是先從投資誤區開始。如果可以，請大家好好閱讀一本書，書名為《真確》，如此可扭轉 10 大直覺偏誤，從「思考」出發來學習投資，而不是「非理性」的直覺。

因之一；再者，多數民眾受限於時間、精力和資源，無法全面研究市場趨勢，對風險收益的特徵也了解不足，造成明顯的資訊差異（專業術語為「資訊不對稱」）。

　　金融市場中的資訊不對稱，是造成投資虧損的一個重要原因。對於普通投資人來說，想在股市中取得成功，首先要獲取正確的投資資訊，並了解如何運用這些資訊。但很多新手投資人對市場的認識有限，根本無法判斷資訊的正確性，只是遵循傳統價值觀，以為「努力交易」就能帶來快速又穩定的財富增長，再加上到處都是投資收益的報導與誘惑，例如：「○○○又賺了多少錢！」此時只要投資人工作不順、生活壓力一大，往往沒有想太多，就將大把資金投入股市，縱使因為運氣而得以短期獲利，但長期下來，大多數人最終還是會因為實力不足而將資金賠個精光。如果都是賠錢的話，反而不會賠太多，就是因為還有隨機性的因素在，才讓投資人不可自拔。

　　那要如何克服資訊不對稱的問題呢？我自己是從「大量閱讀『知識』，而非『資訊』」著手。投資人應該多加閱讀金融方面的書籍、報告和研究，以便了解市場規律和投資策略。經典著作如班傑明・葛拉漢（Benjamin Graham）的《智慧型投資人》以及柏頓・墨基爾（Burton G. Malkiel）的《漫步華爾街》等，對於投資人來說都是寶貴的學習資源。

　　嚴格來說，若投資人沒看過 100 本以上金融相關的書籍，我認為都不應該進場，不然該具備的交易認知將不健全。不要覺得買書的錢很貴，進入市場後，市場教你的代價就不只是幾本書的錢，而是痛徹心扉的虧損。

　　除了閱讀經典著作，我以前也經常在國家圖書館查閱金融相關的論文、期刊等文獻，這些資料涵蓋許多投資領域，因此透過閱讀這些資料，有助投資人深入了解經濟學、財務學、籌碼分析、技術分析等各投資領域的理論和實踐結果。如此在投資時便可運用專業視角來分析，減少行為偏誤。

　　好比評斷基金好壞，最重要的因素之一是「手續費」，若沒有大量學習是不可能知道這個關鍵的，只會從過往績效表現來看。待投資人經過市場洗禮之後，才會明白基金說明書下方的那句警語：「過去績效不代表未來績效」的意思！

　　而大量閱讀亦是影響我個人投資績效一個很大的轉捩點，過去我也是從技術分析的角度切入市場，被電到怕之後，才進行相關領域的研究。真相就是技術分析只是現況，無法預期未來，對於收益穩定性的證明不足，套句論文常說的術語就是「沒有異常報酬」。了解此點之後我就改變交易策略，大幅降低技術分析的決策權重，收益反而呈現指數上漲。所以，「書中自有黃金屋」是真的，但黃金屋不是單指一本書，更不是一篇報導，而

是大量閱讀與研究之後才有的結果。學習與收益高度正相關，唯有持續學習才有穩定的收益，別無他法！

## 陷阱2》過度自信

我以前還在上班時曾與同事打賭：「XX 股票一定會漲到目標價〇〇元」，並把這句話白紙黑字寫下來貼在桌上，因為我做了超多的功課，對自己自信滿滿。不過我認為很努力的過程，其實是「看對、壓大、長抱」的洗腦術語在驅動。結果呢？我輸了！請全部門的同事吃大餐是小事，最重要的是，這檔股票害我賠掉 2 年多的工作收入。回頭看，這就是過度自信了。

過度自信在投資市場中是指投資人對自己的能力、知識和判斷過於自信，導致他們在進行投資決策時，容易忽略風險和市場現實。過度自信的投資人往往相信自己能夠預測市場變化、挑選出高報酬的投資標的，從而在短時間內獲得高收益。然而，這種過度自信往往會造成嚴重錯誤，因為沒有人能完全預測未來市場的走勢。但當大家愈用功時，就會覺得自己愈接近神的境界，最後變成神經病。

所以為了減少這種情況，之後我在分析時更注重多元及概率，不僅會從總經、財務、籌碼、技術等角度切入，最重要的是還會加上風險管理，不

管是最大虧損、投入金額、期權避險等，都要準備妥當才會進場，15 年來無一例外。通常我和朋友分享這些觀念時，朋友都會覺得「太麻煩、太累了，直接報明牌就可以了！」我總是笑笑說：「那就是還不夠痛，或痛上癮了！」

說個故事，一個投資人朋友傳來一篇有關 XX 食品股的研究報告，表明未來股價上看 10 倍。我看了一下報告內容，感覺作者很有自信，應該有投資機會，但在我查詢相關財報之後卻發現，成長性要到達這個目標價的概率相當低，事後果然證明，提出這份報告的作者虧損嚴重，而我也彷彿看到以前過度自信的自己。好在市場已經教會我，而我也已經懂得多方查證以減少這類問題。「自信造成的虧損是會傳染的」，大家知道嗎？不然大家的自信要如何表現呢？總要找個人訴說，是吧！

## 陷阱3》受情緒驅動的短線交易

新手剛開始進場買股票時，多半會拿著計算機，算今天漲跌多少，持有幾張，賺賠多少。隨著損益的變化，進出市場的次數愈來愈多，交易週期愈來愈短，最終變成短線交易。

但很多投資人不知道，短線交易的勝率相較於長期投資是偏低的。一般

常見的原因是交易成本過高容易吞噬獲利，再者就是需要高度專注才能抓住交易機會，但人的專注力有限，無法長期維持，一閃神就很容易虧損。不然大家試試維持車速 180 公里，看大家能維持多久？這些都不是一般新手可以承受的壓力。

還有很多人不知道，短線交易看似好像是交易訊號在決定進退，其實與情緒驅動有密切關係（詳見圖 1）。情緒驅動是指投資人在進行交易時受到貪婪、恐懼等情緒的影響，導致其決策偏離理性。這種情緒驅動往往使投資人更容易參與短線交易，因為短線交易具有更高的波動性和回報速度，容易激起投資人的情緒，再造成市場出現過度的波動。

因此，短線交易的本質，實際上是對市場情緒反應的把握，但日常的情緒波動很難進行量化分析，變數相當大。基於這個原因，我通常不會過度投入短線交易，每天緊盯市場波動，而是在市場情緒達到高峰時，才會利用「逆勢交易時機」（詳見 5-4）來實施短期交易策略，因為在投資人情緒最激動的時刻，市場具有很高的反轉機率。

上述說法背後的邏輯在於，許多投資人都想尋求即時滿足，希望立刻看到投資報酬，因此易受到短線交易帶來迅速收益的錯覺所誘惑，進而掉入圈套，當這種現象達到頂峰時，就會出現特定訊號，如股價在高位與低位

## 圖1 短線交易容易受情緒驅動影響
——短線交易與情緒驅動的關係

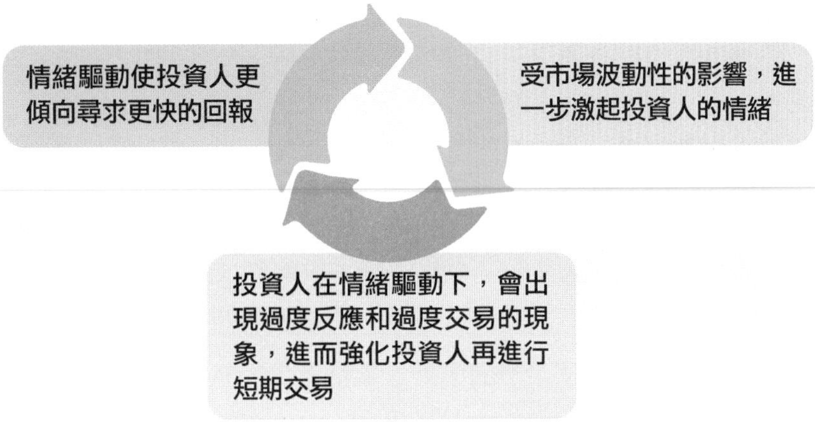

情緒驅動使投資人更傾向尋求更快的回報

受市場波動性的影響，進一步激起投資人的情緒

投資人在情緒驅動下，會出現過度反應和過度交易的現象，進而強化投資人再進行短期交易

之間，成交量變化率極大，此時市場供需失衡，才是我視為短線交易的好時機。

　　若僅在一般行情下不斷進出，根據交易訊號的黃金交叉和死亡交叉來回操作，多半只是徒勞無功。如果懷疑此一觀點，可以通過虛擬交易進行驗證，大家將會發現，持續短線交易的結果往往勝率偏低，即使短期內獲得了報酬，也容易因為市場變數不斷改變而陷入倖存者偏見。

綜合以上觀念，若想要擺脫虧損的投資命運，應先從長期投資角度出發，再尋找短線交易機會，並且是從「情緒角度」來看短線的進退時機，而非一般技術分析的訊號。如此先長後短，就能在追求穩定收益的同時，又能抓住市場波動帶來的獲利機會，感受穩中求得超級回報的希望。

## 陷阱4》重壓單一標的

如果 1 年 365 天，三餐都吃雞排的話，身體健康嗎？什麼事太過度都會有負面效果，我想投資也是一樣，單一「個股」持股比重過大，且長期持有的話，同樣是一種高風險的策略。雖然市場上有不同的觀念，但看過《隨機騙局》這本書的話，就會知道這多半屬於倖存者偏見的結果論。

永遠會有幸運的人，但都不是自己，若真的要執行這種相對高風險的投資行為，也應該先建立投資組合之後再進行。因為站在統計回測的角度上，投資會虧損的原因之一，有很大的比率就是單一股票壓太重，沒有使用「資產配置」分散個股風險。

在投資市場中，資產配置是指將資金分散投資於不同類型的資產，以降低風險並提高收益。而沒有進行資產配置的投資人，由於將所有資金都投入到單一投資標的上，一旦該標的出現問題，將面臨股價大幅度下滑的風

險。在寫這段文章時,新聞剛好在報導某食品股工廠大火,若大家是持股壓滿這檔食品股,後果可想而知。

事實上,多個研究報告也證實了資產配置的重要性。根據資產管理公司貝萊德(BlackRock)的一份報告,資產配置對投資組合的長期表現有著至關重要的影響,占總投資組合風險和收益的 90% 以上。所以站在風險的角度來看,大家要選擇哪種投資策略呢?難道還要像我以前一樣,先選擇壓大這條路,在發生重大虧損之後才認知到資產配置的重要性?我想,讀者就不要重蹈我的覆轍了。

至於資產配置的方法,在後續章節會另外說明,現階段最重要的認知,就是不要輕易重壓單一標的,而是要做好資產配置以降低個股風險,因為沒有進行資產配置容易造成投資虧損。為了降低風險並提高收益,應將資金分散投資於不同類型的資產,並定期重新平衡投資組合。且許多研究報告、文獻資料和實際案例均顯示,資產配置在投資管理中具有重要意義。希望讀者要有所覺察,不要受到行為偏誤的影響,動不動就要 4 個數字(指股號),以免身陷絕境,而不自知。

在本章節中,我們探討了導致投資虧損的幾個主要陷阱,以及解決這些陷阱的方法。首先,對交易的誤解和缺乏教育,會導致投資人在市場中做

出錯誤的決策，為了解決這個問題，投資人應該不斷學習和提高自己的投資知識，尋求專業的指導；其次，過度自信可能使投資者忽視風險，從而導致虧損，在進行投資時，投資人應保持謙虛和謹慎的態度，尊重市場規律，不要盲目跟隨自己的直覺；再者，由情緒驅動的短線交易往往具有較低的勝率，容易造成虧損，投資人應該保持理性，避免受到市場情緒的影響，遠離短線交易的陷阱；最後，重壓單一標的同樣會增加風險，導致投資虧損，應該選擇多元化的投資組合，將資金分散到不同類型的資產上以降低風險。

綜合以上所述，要避免虧損，讀者是需要採取相關措施的，包括：增加投資知識、保持謙虛謹慎不過度自信、遠離情緒驅動的短線交易，以及實行資產配置。只有這樣，才能在市場中取得穩定的報酬，並將虧損風險降到最低。希望這些建議對大家在投資道路上有所幫助！

**1-3**

# 建立投資思考框架
## 在股市中站穩腳步

金融市場充滿了無數的機遇與挑戰。無論是股票、債券、期貨與選擇權還是其他金融產品，都需要在高風險的環境中尋求穩健報酬。因此，在決策的過程中，心理素質對投資的成功與否至關重要。

本章節將重點討論我覺得最重要的核心概念：「概率思維」、「量化分析與回測」與「思維模型」，並探討它們如何幫助投資人更好地應對市場的變化和不確定性。

## 概率思維》評估各種可能性，靈活應對多變市場

在金融市場中，選擇比努力重要，問題是你選擇的依據是什麼？多數人

常根據文字上的形容來選擇，而不是用數學思維去評估，但在投資領域中，多半不是單純的因果關係，而是「亂數」，所以才有將「利多不漲」解讀成「利多出盡而不漲」的說法。而當結果與本來的說法不同時，就又產生另一種說法，如此沒有交易準則，永遠都是捉摸不定的結果，最終將成為隨機騙局的遮羞布。

　　雖然市場很隨機，但我們可從概率思維的角度出發，並為概率外的事件進行避險，奠定穩定的獲利基石（註1）。「概率思維」是一種以概率原理為基礎的思考方式，它強調對不確定性事件的可能性進行量化和分析。透過考慮各種可能性及其相應的概率，可更客觀地評估未來的不確定性。

　　在金融市場中，不確定性無處不在，無論是股票、債券、期貨、選擇權，還是其他衍生性金融商品，其價格變動都會受到眾多因素的影響。這些因素包括但不限於宏觀經濟環境、政策變化、市場供求、公司基本面以及投資人的心理因素等。要在這樣的環境下制定合理的投資決策，就需要利用概率思維來評估各種可能性及其概率，以此來克服認知偏誤，避免過度依賴單一預測結果，從而優化投資策略並控制風險。

　　讀者如果可以做到像我的職業病一樣，看什麼都是以概率為優先，就會發現獲利其實是有方法可循的。以下我將說明幾個在金融市場中應用概率

思維進行決策之處：

## 1.股票潛力

　　我在選擇股票時，往往會綜合考慮公司的基本面、行業趨勢、市場定價等因素。通過概率思維，我可以為不同的情景賦予概率，從而更客觀地評估股票的風險和收益潛力。

　　例如，我認為某公司未來 1 年有 50% 的概率實現營收增長、30% 的概率保持不變、20% 的概率出現營收下滑。根據這些概率，我就可以預期該公司的股價，未來能否維持上漲動能，若能，則維持本來的部位；若不能，則要準備移動停利以留住收益。

## 2.波動率

　　概率思維強調將各種可能性賦予一定的概率，從而幫助投資人在面對市場波動時做出更加理性的決策。比如我會利用 VIX 指數的變動情況，來衡量市場波動的概率。

---

註 1：每次聽到市場上有人在說預測不準，沒有人可以預知未來的言論，我就很想推薦大家去看《超級預測》（Superforecasting: The Art and Science of Prediction），這本書探討了一群被稱為「超級預測者」的人如何在政治、經濟和其他領域中進行高度準確的預測，其中一種精神就是「概率」的觀念。

VIX 指數是由芝加哥選擇權交易所（CBOE）編製的實時波動率指數，當此數值愈高，表示投資人對於美股的前景感到不安，可能出現大量買進或賣出，故 VIX 指數又被稱為「恐慌指數」或「恐慌指標」（詳見 4-3）。

當 VIX 指數的數值高過一定程度時，比如 VIX 指數 1 日波動率為＋10%，表示市場對未來波動的擔憂程度愈高，未來行情大跌的概率也愈高；若 VIX 指數 1 日波動率為 -10%，則止跌看漲的概率也升高。透過觀察 VIX 指數變動，我就可不受限價格漲跌與市場氛圍，而有所定見。

讀者不要小看上述說法，我之所以能規避很多系統性風險，從而保持獲利，其中一個原因就是隨時從概率思維來掌握 VIX 指數變化。

## 3.債券投資

對於債券投資者而言，信用風險是需要關注的重要因素。通過概率思維，投資人可以評估不同信用評級之債券的違約概率，並將其與收益率進行比較，以選擇合適的投資標的。

例如，我在購買可轉換公司債（CB，以下簡稱「可轉債」）時，就會先從資產負債表中判斷該公司是否可能倒閉。只有在公司違約概率低於 1% 的情況下，才會買進價格低於 100 元或溢價程度小於 5% 的可轉債，

如此一來，只要公司不倒，最差的情況下就是到期時拿回 100 元的本金，或限制虧損金額在 5% 以內。基本上，投資可轉債的整體判斷都是以「活著再獲利的概率」為核心價值。

## 4.投資組合

概率思維在管理投資組合的應用中十分廣泛，尤其是資產分配和風險控制兩方面。像我在分配資金時，就會考慮各種資產類別的預期收益和風險，並給予相應的概率。通過模擬不同情景下的投資組合表現，便可選擇最符合個人風險承受能力和收益目標的資產組合。例如先考量穩定收益的概率建立基本單位，在產生收益後才進行高報酬的策略，整體而言，都是利用概率思維在控制報酬與風險之間的關係。

## 5.技術分析

在金融市場中，預測和技術分析也是運用概率思維的重要應用場景。一般會透過評估各種技術指標和趨勢的概率，來預測市場可能的走向。例如：當我認為某檔股票跌破重要支撐位時，後續價格下跌的概率為 70%、價格反彈的概率為 30%，基於此分析，我就會採取空頭策略。

從上述論述可知，概率思維在金融市場中具有廣泛的應用。通過充分運用概率思維，投資人可以更客觀地評估各種可能性及其概率，從而制定更

理性的投資決策。由於金融市場的隨機性，沒有任何概率是百分之百，故讀者應該學會接受及應對不確定性，才是投資能否成功的關鍵。

此外，概率思維更是一種重要的心理素質，它能幫助投資人在面對市場不確定性時，保持冷靜、理智，並採取適當的策略，因此讀者應該在實際操作中不斷嘗試和反思，以提高自己的概率思維能力，實現更高水平的投資決策。

## 量化分析與回測》進行模擬測試，優化交易策略

在金融投資領域中，「量化分析」與「回測」是兩個關鍵性的概念，它們為投資人提供了一種更科學、客觀的分析和評估方法。下面將介紹量化分析與回測的基本概念，再討論它們在投資方面的應用之道。

### 1.量化分析

量化分析是指在投資市場上，利用數學、統計學、計量經濟學等方法，對金融數據和交易資訊進行量化研究的過程。通過這些方法，我們可以預測市場趨勢、評估風險和決定投資策略。

量化分析的目的是要消除人為主觀判斷，從而提高投資決策的客觀性和

準確性。在後文中，我將會說明要如何利用常態分布的觀念，量化分析
VIX 指數的變化情況，以及 VIX 指數在多少時容易連動股市出現較大的波
動，又或是我如何在乖離率達到極值區間時，進行反向交易等量化分析的
例子。

## 2.回測

回測是量化分析過程中的一個重要環節，是一種檢驗量化分析有效性的
方法。回測是指在歷史數據上對某個交易策略進行模擬測試，以評估策略
的有效性和盈利能力。也就是說，回測通常是選擇一段歷史數據，應用交
易策略並獲得模擬交易結果，再對結果進行評估。通過回測，可以找出策
略的弱點和優勢，進一步完善策略並優化投資決策。

而量化分析與回測的主要區別，在於回測是檢驗已建立好的策略在過
去數據上的表現，比如我已經從量化分析中找出元大高股息（0056）這
檔 ETF 在除權息之後買進，有很大機率會有超額獲利，那就將此條件進行
長期資料的回測，如果回測也得到很好的表現，那就證明是不錯的交易策
略。本書中的所有交易觀念都是由此而來的，絕對與市面上僅憑幾個形容
詞在做交易決定的投資方式不同，讀者可以藉此加以省思和判斷。

量化分析與回測的優點包括下面幾點：

①**客觀性**：使用數學和統計方法來創建和測試策略，可消除人為情緒和主觀判斷的影響，提高投資決策的客觀性。

②**準確性**：使用大量數據進行分析，從而在預測市場趨勢和評估風險時，具有更高的準確性。

③**高效率**：利用電腦檢驗執行策略，可在短時間內處理大量數據，有縱觀全局的視野。

④**優化投資組合**：通過量化分析，可以選擇具有最佳風險回報比的投資組合，提高投資收益。

⑤**回測驗證**：回測歷史數據，以檢驗策略的有效性，評估策略在過去市場環境下的表現，從而推測策略在未來可能的表現。

⑥**模型優化**：回測的結果可以幫助投資人對量化分析進行優化和調整，以提高策略的表現。

⑦**縮短學習曲線**：幫助新手投資人更快地理解市場規律和策略表現，縮短學習曲線。

這裡要特別提醒讀者的是，雖然量化分析與回測可以提高交易的勝率，但也要注意避免「過度擬合」，簡單來説就是針對歷史行情進行最佳化，以此得出最好的結果。

好比小孩去學畫畫時，作品大多具有藝術家的風格，但當自己在家畫時，表現卻多半不如預期，就是因為小孩在上畫畫課時，是跟著老師的範例進行的，看起來有模有樣，但並非真功夫。

會舉這個例子，就是因為我吃過虧，回測結果很完美，實戰上卻完全不是那麼回事！這就是過度擬合的結果。讀者一定要留個心眼查核可行性，而不是看到量化分析、回測等字眼就忽視交易風險。

## 思維模型》善用7工具，提升投資效率

思維模型是一種組織和指導思考的工具，除了可以幫助我們理解、分析、解決交易問題，還可組織思維、提高決策品質、降低認知偏誤。在金融交易中，思維模型可以幫助投資人理解隨機的投資市場，進而更好地分析市場問題、評估風險，並制定有效的投資策略。

以下是一些金融交易中我常用的思維模型及其相關應用：

# 1.SWOT分析法

SWOT 分析法是一種策略規畫技巧，用於評估項目的「優勢（Strengths）」、「劣勢（Weaknesses）」、「機會（Opportunities）」和「威脅（Threats）」。在投資領域中，SWOT 分析法可以應用在各種分析方法上，此處以籌碼分析為例：

①**優勢**：主力資金積極參與，顯示出強烈的買盤支撐；機構法人對該股票持有樂觀看法，能提升市場信心。

②**劣勢**：散戶投資人持股比率較高，導致股票價格波動較大；該股票的交易量不穩定，將影響到投資者的買賣決策。

③**機會**：市場上有新的資金進入該股票，會帶來價格上漲的動力；機構法人對該公司進行增持，可提升其股價。

④**威脅**：市場上有大量賣盤壓力，導致股票價格下跌；主力資金撤離該股票，恐影響其價格表現。

透過 SWOT 分析法，我們可更全面地進行評估，了解該股票在籌碼分析方面的潛在風險和機會，並根據自己的風險承受能力做出適當的決策。

## 2.PDCA分析法

　　PDCA 分析法是一種用於持續改進過程的方法。它的 4 個階段分別是：「計畫（Plan）」、「執行（Do）」、「檢查（Check）」和「行動（Act）」。在投資領域中，我將 PDCA 分析法應用於技術分析之中，以持續改善和優化投資策略。以下舉實例加以說明：

　　①**計畫**：確定目標股票、買入和賣出的訊號和條件，以及風險管理措施。此階段涉及研究不同的技術指標，如極光波段、MACD 指標、能量潮指標（OBV）、成交量比率指標（VR）等，以及確定適合自己的交易時間，如長線交易、短線交易。

　　②**執行**：根據計畫實際進行交易，遵循策略中設定的買賣訊號和風險管理規則。保持紀律和冷靜的心態是此一階段的關鍵，只要過程中訊號沒有出現，就維持本來看法，不提前出場與延後出場。

　　③**檢查**：分析交易結果和投資策略的表現，檢視策略的有效性和成功率，這包括對比預期收益與實際收益，以及評估策略在不同市場環境下的適應性。所以我有養成寫投資日誌的習慣，藉此維持策略的穩定性。

　　④**行動**：根據檢查階段的結果，對投資策略進行調整和優化，以提高其

表現，這包括改變技術指標的參數、調整交易時間範圍，或改變風險管理措施等。一般我會在技術分析中加入籌碼分析，就是為了優化這個目的。

重複 PDCA 分析法的循環，就可以持續對自己的技術分析進行優化和改進，以適應不斷變化的市場環境，提高投資績效。了解我的人都知道，我在每一階段的操作方法都不大相同，每種應用技術也與一般的做法不同，其實就是不斷運用 PDCA 分析法的結果。

## 3.艾森豪矩陣

艾森豪矩陣又稱「急迫性與重要性矩陣」」，是一種時間管理工具，用於區分任務的急迫性與重要性。它將任務分為 4 個象限：重要且緊急、重要但不緊急、不重要但緊急、不重要且不緊急（詳見圖 1）。

在投資領域中，當市場發生重大變化時，艾森豪矩陣可以幫助投資人區分不同情況的急迫性和重要性，以便更有效地進行決策。以下為大家舉例說明：

①**重要且緊急**：當市場出現劇變，例如金融危機或政治事件等狀況時，就需要立即有所應對以保護資金，像是迅速調整投資組合，減少高風險資產，或是增加避險部位鎖住損失，以免再擴大。千萬不要小看這件事，一

**圖1** 艾森豪矩陣用於區分任務的急迫性與重要性
──艾森豪矩陣4象限

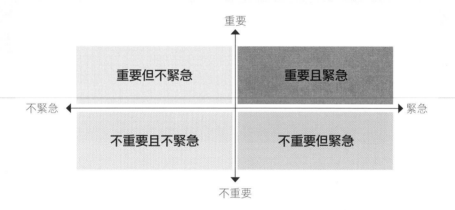

般大家常說的停損，大多是說說而已，因為當真的發生重大損失時，停損通常是按不下去的，因此與其看著虧損放大，加入反向部位鎖住損失才符合人性。

②**重要但不緊急**：在市場波動時，投資人應專注於長期投資目標和策略本身。例如，定期審查和調整投資組合，確保其仍符合個人風險承受能力和收益目標，不會因為一般性的波動而跟著調整部位。

③**不重要但緊急**：當市場有異動時，可能會出現一些需要立即關注的短期事件，但通常對長期投資影響較小，例如：收購、股價評級更動、目標價更動、選舉等，不過也要注意別過度關注短期利益。

④**不重要且不緊急**：在市場變動期間對投資決策影響較小，可以暫時擱置的事件，例如：參加非必要的投資講座，或是閱讀與投資無關的書籍等。

善用艾森豪矩陣分析情勢，投資人就可以在市場發生重大變化時，更有條理地分配時間和精力，專注於最重要和緊急的事務，從而提高投資決策的效率。

## 4.報酬遞減法則

報酬遞減法則是指在交易過程中，當獲利要素持續增加，其他獲利要素保持不變時，收益量會增加，但增幅逐漸縮小，比如某些時刻雖然投入資金增加，但收益的增幅卻逐步減小。因此在進行資金管理時，報酬遞減法則可以提醒投資人留意：

①**分散投資**：將資金分散到多個投資項目中，可以降低單一資產的風險。例如：將資金投資到不同類型的股票、債券和其他金融產品，以降低單一市場的波動風險。

②**做好資金配置**：在投資過程中，隨著資金的增加，對資產的配置應進行適時調整。例如：在股票市場的正乖離率太大時，將部分資金轉移到債券市場，以保持資產配置的平衡，以降低報酬遞減的情況。

③**善用槓桿**：槓桿可以放大投資收益，但也會放大風險，在使用槓桿時，應根據市場環境和風險承受能力進行合理配置。例如：可以將部分資金用於期權交易，但應控制槓桿比率，以避免過度槓桿導致的風險。

④**調整投資策略**：隨著市場環境的變化，投資策略應予以調整。例如：當市場處於空頭時，可以將資金投入到風險低、收益穩定的電信三雄（註2）或債券中，以維持報酬率的成長幅度。

## 5.馬太效應

馬太效應源自於《聖經》中的一句話：「凡有的，還要加給他，叫他有餘；但沒有的，連他所有的，也要奪去。」這句話描述的是一種社會現象，即「強者愈強，弱者愈弱」。在投資領域中，馬太效應意味著某些具有優勢的投資人或企業能繼續積累財富和市場份額，而弱勢者則可能不斷衰退。

註2：電信三雄指中華電（2412）、台灣大（3045）和遠傳（4904）。

在投資領域的交易策略中，馬太效應的運用方式如下：

①**識別具有競爭優勢的公司**：一般我會尋找具有市場領導地位、技術優勢或品牌效應的公司。這些公司更有可能在行業競爭中脫穎而出，繼續積累財富和市場份額。像市值前 50 大的公司，在各自的領域具有強大的競爭優勢，投資這些公司更容易帶來長期的企業收益。

②**用動量策略投資股票**：動量策略是基於馬太效應的一種投資策略，即選擇近期表現較好的股票進行投資，期待它們未來繼續保持上升趨勢。像我就會選擇過去 3 個月表現最好的股票進行投資，然後每隔一段時間（例如每季度）重新平衡投資組合，以適應市場變化。這種策略的基本原理是過去業績優秀的股票，未來也可能會繼續保持強勁的表現。

## 6.批判性思維

批判性思維是指一種分析、評估和解決問題的思考方式，透過這種方式，我們能夠客觀地判斷資訊，避免受到偏見和誤導的影響。在投資領域中，批判性思維也有助於投資人做出明智的投資決策，避免因盲目追隨或過度相信單一資訊來源而產生風險。

以下是在投資領域中可以運用批判性思維之處：

①**確認資訊來源**：投資人在接收到市場上的資訊時，首先應評估資訊來源的可靠性，了解其背後可能存在的利益衝突。例如股票評級報告可能會受到公司利益的影響，因此投資人應先仔細研究報告內容，並與其他來源的資訊進行對比，尤其是籌碼的變化，最好是與報告的內容一致。

②**避免盲目追隨市場風向**：投資人在市場上易受「從眾效應（羊群效應，詳見 2-2）」影響，盲目跟隨市場趨勢。批判性思維要求投資人在面對市場變動時保持冷靜，理性分析市場趨勢背後的原因及未來的可能走勢。

③**辨別消息的真實性**：在接觸到市場上的新聞或消息時，應該辨別其真實性，並確認是否已經過官方或可靠的資訊來源證實。例如網路上可能存在許多偽造的負面消息，對公司股價造成短暫的影響，投資人應對此類消息保持警惕，避免盲目聽信。

④**深入研究公司基本面**：投資人在對公司進行投資前，應該先深入研究該公司的基本面，例如公司的財務報告、經營情況、行業競爭地位等，這樣才能避免受到市場噪音的影響，從而做出更明智的投資決策。

## 7.認知負荷理論

認知負荷理論是一種關於學習過程中心智資源分配的理論。該理論主要

關注人類在處理資訊時的認知負荷，即大腦在同一時間能處理的資訊量。認知負荷理論認為人類的工作記憶容量是有限的，當資訊過多時，將導致大腦無法有效地處理這些資訊，進而影響到學習力和理解力。

在金融投資中，認知負荷理論也具有一定的應用價值。投資人可以通過降低認知負荷，提高投資決策的效率和質量。以下列舉一些實際應用上的例子：

①**簡化投資策略**：過於複雜的投資策略會增加投資人的認知負荷，導致無法快速做出決策。故應盡量簡化投資策略，選擇易於理解和操作的策略，才能提高投資效率。

②**使用視覺化工具**：使用視覺化工具如 K 線圖、技術指標、圖表化等，可以幫助投資人更直觀地了解市場趨勢和數據變化，這將有助於降低在分析市場數據時的認知負荷，以提高投資決策的效率。

③**限制關注的股票數量**：投資應該選擇性的關注一定數量的股票，避免因關注過多股票而增加認知負荷。選擇關注的股票時，可以根據投資目標、風險承受能力等因素進行篩選。像我就限定自己關注的股票在 100 檔以內，不會再擴大研究範圍。

④**適度分散投資**：適度分散投資組合可以降低投資風險，同時也能降低投資者的認知負荷。通過分散投資，可以將注意力集中在投資組合的整體表現，而非過度關注單一股票的變動。

⑤**學習和使用專業知識**：投資人可以學習和使用專業知識，如財務分析、籌碼分析等，來幫助自己更有效地分析市場資訊。掌握專業知識有助投資人在面對繁多的市場資訊時，快速篩選出對決策有幫助的資訊，降低認知負荷。

最後，我總結一下本章節重點。首先，我們提到了要培養概率思維。概率思維能幫助我們更客觀地看待市場，不會被局部的成功或失敗所影響，這樣我們就能更穩定地投資，贏得長期的報酬。

接著，談到了量化分析與回測。這個方法能讓我們更精確地找出一個策略的優點和不足，從而提高投資的成功率。不過要注意的是，回測時要避免過度擬合的問題，否則結果可能會失真。

再來，我們討論了思維模型在投資領域的應用。利用思維模型，可以更系統化地分析市場，從不同角度去考慮問題。這樣在面對市場變化時，就能更冷靜、更有條理地做出判斷，以提高投資的效率。

　　以上幾點對於獲利至關重要，如果真要說我有什麼異於常人的能力，我想「概率思維、量化交易與回測、思維模型」就是關鍵。為此，我希望通過本章節的說明，為投資人提供一個思考框架，以便在投資市場做出更明智的判斷，以應對市場的挑戰和不確定性。

　　投資人要記住，在投資市場上，沒有人能百分之百地預測未來，但是通過培養概率思維、運用量化分析與回測、掌握各種思維模型，就能在過程中保持理性，降低風險，從而提高投資收益。所以，不要忘記做好以上的心理準備，然後勇敢地踏上投資之路吧！

# 隨經濟週期出招
## 克服市場隨機性

　　我知道寫一篇關於近期的市場變化，可能會是讀者最想要知道的，但是金融市場變化萬千，像是 2021 年因為新冠肺炎（COVID-19）疫情發生變化、2022 年因為通膨發生變化、2023 年因為經濟趨緩發生變化、2024 年目前預測將因升息帶來的負面影響而發生變化，那再之後的 2025 年～ 2099 年呢？又會碰到什麼事情呢？市場時時刻刻都在改變，就算看再多的市場變化，又要到何時才會出現盡頭呢？而讀者又能從中學到什麼呢？

　　投資人總想知道市場未來的變化，但是說真的，在股市中交易 15 年了，我發現市場變化並不是獲利的核心，因為市場的本質是隨機，一下避險需求讓黃金漲、一下企業獲利讓股票漲，一下升息讓債券跌，一下戰爭讓石

油飆。所以比起關注市場變化，投資人更應該了解市場變化的核心本質是什麼，只要能抓住核心本質，那麼交易只是在不同商品中進行比率的調整罷了。

## 金融市場瞬息萬變，風險管理很重要

你知道在清明上河圖中，哪種店面出現最多嗎？是命相館與酒館。人呀！用算命預期未來的方向，然後不如預期時再去酒店，醒酒了之後再去算下一卦。日常生活如此，投資也是如此。最近市場變化為何？應該怎麼做？雖然大家都想要得到明確答案，但在股市中鑽研過的人都知道，計畫是跟不上市場變化的，若想要掌握市場變化的先機，專注金融的本質才是王道。

下面我會先用「太陽引力」來說明市場的動向，其實就是受經濟週期影響在驅動；同時會用「先有雞還是先有蛋」的例子來表達各種資訊對股票的看法不一，使得投資人在買賣決策與選擇性困難的成因。

太陽系是由太陽、八大行星及其衛星、小行星、彗星和其他天體組成的，這些天體都在各自的軌道上繞著太陽運動。為何這些天體會繞著太陽旋轉呢？這是因為太陽的質量占據了太陽系 99.86% 的總質量，而引力與質

量成正比，所以太陽的引力對其他天體具有很大的影響。正是由於太陽引力的作用，使得這些天體繞著太陽運動。

　　不知讀者有無發現，在太陽系中，太陽的質量才是重點，至於其他天體不管如何變化，都還是會受其影響。而對比到金融市場的變化又是如何？是受什麼影響而變化呢？這部分就是我前面所說的「核心」，在此先賣個關子。

　　至於「先有雞還是先有蛋」的問題，在宗教、哲學、生物學、科學上一直存在著爭議。我們可以從不同的角度來探討這個問題：

　　若從宗教或哲學的觀點來看，創造者（如上帝）首先創造了完整的生物，例如雞，之後才有蛋。在這種觀點下，雞在蛋之前就已經存在了。

　　但以生物學演化觀點來看，物種是通過漸進的過程演化而來的。因此，我們可以推測，在雞之前，有一個非雞的祖先物種經歷了某種突變或遺傳變化，導致地下的蛋孵化出了第一隻雞。在這種情況下，蛋在雞之前就已經存在。

　　最後從科學的觀點來看，雞的產生是由於某種突變或遺傳變化引起的。

這種變化可能是在一個非雞的祖先物種中發生的，當這個物種的一個蛋受精時，遺傳變化被傳遞給了後代。這個後代具有典型的雞特徵，所以被認為是第一隻雞。因此，在科學的角度來看，先有的是蛋。

然而，這並不能解決哪個「先有」的問題，而是要看你用什麼觀點切入，就會得到不同領域的說法。讀完上文，讀者應該很傻眼，但這不就跟股票看漲還是看跌的觀點很像嗎？而且更有趣的是，就算觀點正確，投資人受限於行為金融（像是情緒、經驗、信仰等）的約束，也未必會依計畫執行。好比我在 2021 年年底強調 2022 年為空頭年，但又有多少投資人能在台灣加權指數 1 萬 8,000 點的位置獲利了結呢？

因此市場的變化如何其實不是那麼重要，一來市場變化一直在變，二來人性也未必能跟著市場變化交易，故投資人反而應該下功夫研究「市場本質為何」，如此才能有糾錯的依據。若只是聽來的，就算內容是對的，自己也未必具有執行力，何況多數訊息背後都有潛規則，並非表面所傳達的真相。

例如 2023 年股神巴菲特（Warren Buffett）一下大買台積電美國存託憑證（ADR），一下又大賣台積電 ADR 就是最好的例子，雖然報導原因是由於地緣政治，但台海危機又不是今天才有的，早就存在多年了，這隨

機性變化何其高呀！再者，若是從籌碼的角度來看，在巴菲特買進台積電 ADR 的新聞出來之後，有大量台灣投資人搶買台積電（2330），但在巴菲特大賣台積電 ADR 後，這些買超籌碼便大量套牢。

所以別忘了，我們往往認為自己知道的就是真理，但實際上，這些認知可能是錯誤的，或只是暫時是對的。從前述可知，無論是透過觀察還是科學的方式得到的知識，也無法完全掌握真實的情況，甚至有時候沒有證據的理論也能發揮作用，只要大眾的偏見足夠強烈，錯誤的想法也可能在某種情況下被認為是「真理」。這就是為什麼金融市場充滿了不確定性，因此，不管交易策略為何，風險管理都是必要的。

## 與其猜測未來趨勢，不如依循4階段調整投資策略

市場雖然是隨機的，但萬變不離其宗，只是在經濟週期上的變化。雖然經濟週期是老生常談的內容，但是做得好的人卻屈指可數，多數人還是會受到行為偏誤影響而左右決策。因此我認為想在市場上維持收益的穩定性，跟著經濟週期來調整投資組合與策略才是關鍵因素。

我在股市 15 年之所以能穩定獲利，主要還是跟著經濟週期的變化來調整投資組合與部位。像我看空 2022 年，看 2023 年為股債雙漲，是大

家都知道的事,理由呢?就是經濟週期出現變化了。所以想知道未來股市的方向,只要跟著經濟週期的變化就對了。

以下是經濟週期的 4 階段:

### 階段1》擴張期

在經濟擴張時期(例如 2021 年,註 1),我會將重點放在風險較高、增長潛力較大的資產上,像是股票、高收益債券和房地產。這是因為在經濟增長的時候,企業盈利通常會提高,股票價格上升,而房地產市場也會受益於需求增加。

### 階段2》高峰期

在經濟達到高峰時(例如 2021 年年底),我開始考慮降低風險,經評估投資組合,重新平衡股票類別的部位,以確保適當的多元化。此外,我也逐漸將一部分資金轉移到更保守、具避險效果的資產類別,以及便宜、快下市的反向槓桿 ETF 身上。

### 階段3》收縮期

在經濟收縮時期(例如 2022 年年初),我的投資策略轉向偏空策略,將更多資金投資於較低風險、穩定收益的資產,像是現金與避險資產如黃

金等。再者,因為造成 2022 年經濟收縮的原因,就是新冠肺炎疫情帶來的供需失衡,連帶通貨膨脹大幅上升,因此美國聯準會(Fed)透過升息來平衡通膨。根據以上因素,我改為建立商品類別 ETF,而本來在高峰期建立的反向 ETF 此時也逐步發揮功效,成為雙重收益來源。

## 階段4》谷底期

當通膨減緩,經濟觸底並開始復甦時(例如 2023 年年初),我開始尋找價值投資機會,重新增加股票類別、短期債券等比率,並在具有增長潛力的資產上放大槓桿。像是我當時看好 Invesco 那斯達克 100 指數 ETF(美股代碼:QQQ)、Vanguard 資訊科技類股 ETF(美股代碼:VGT)等科技類股,原因就是在 2022 年期間這些企業都跌到價值浮現了,只要經濟復甦,股價的增長往往相當可觀。

綜合以上觀念,讀者會發現,根據經濟週期變化來調整投資組合與策略,就可以在不同經濟環境下,實現更好的風險收益平衡。再者不管未來市場的變化為何,總是在以上週期中不斷循環,最多就是利率、物價、景氣在改變交替速度。

註 1:括號裡的年份並非固定不變,讀者可以對應過去與未來的不同年份。

與其聽「市場專家」在說什麼,不如跟著「經濟週期」操作!然而,在「經濟週期」變化的過程中,仍需密切關注投資人情緒,因為市場的隨機性伴隨著人性,但隨機性又總是跟著經濟週期的變化在運行,投資人永遠都會受到金融引力影響,任誰都無法改變此交易定律。

## 2步驟結合理論與實作,動盪時期也能取得穩定報酬

隨機性與經濟週期的觀念對交易有幫助嗎?我想是每位讀者都想知道的事。至於實際上該如何運用?我認為大致可分為下面 2 步驟:

### 步驟1》建立正確投資理念

投資理念大致上可分為「商品特性」、「交易策略」和「風險管理」3部分,而各理念需要注意的事情分別為:

1. **商品特性**:學習各種投資工具,如 ETF、股票、債券等的基本概念、運作機制和風險特點。只有先了解如何分析和評估這些工具,才能夠確定哪些投資工具最符合個人的投資目標和風險承受能力。

2. **交易策略**:了解商品特性後,可再進一步掌握價值投資、成長投資、動量投資等策略,學會如何根據市場環境和個人特點選擇合適的策略,並

且在進入市場前，也要懂得進行量化分析與回測驗證。

3. **風險管理：**完成以上 2 個階段之後，再進一步強化風險管理，利用資產配置和分散投資來降低風險，並試著在不同經濟環境下調整策略，保持良好的風險回報比。

## 步驟2》依個人需求加以實踐

在掌握正確投資理念後，接著可再根據個人的交易心理需求加以實踐。例如可採用長期投資方式，搭配不定期不定額的買進策略，分散投資於台股與美股大盤 ETF。由於選擇了長期投資策略，因此不會受到市場短期波動的影響，而是逐步累積投資部位。透過這些實踐過程，成功將理論與實際操作相結合，將有很大機率得到滿意的投資報酬。

經過 15 年的投資研究，我有個重要的領悟，那就是想要緊跟市場變化的人，已經輸一半了。為什麼呢？因為在投資的世界裡，人們總是討論如何抓住市場的變化，但實際上，市場變化是跟隨著經濟週期在運作，而經濟週期又受到許多不可預測的因素所影響，因此想要完全掌握市場變化是不現實的。我們所能做的，就是了解經濟週期的基本規律，並根據它來調整我們的投資策略。只要著重經濟週期的本質，並且運用所學知識在投資領域，相信都能取得不俗的成績。

　　好比前文中所舉的例子，若根據個人投資心理，選擇長期、不定期不定額的投資策略，將資金分散投入台股和美股大盤 ETF，穩健地累積投資部位，因為標的和時間都很分散，故在市場波動時自然可以保持冷靜，專注於策略的執行，因此在 2021 年～ 2023 年這段動盪的經濟週期中，仍能取得穩定的報酬。

　　希望以上這些經驗，能激勵讀者去深入體悟投資的真諦。在投資領域，誰能擺脫對市場變化的盲目追求，轉而深入研究經濟週期，誰就能找到最適合自己的投資策略。只有這樣，才能在隨機的投資世界裡穩健地前行，加油！

Chapter **2**

# 投資入門的
# 重要觀念

## 2-1
# 掌握市場本質
# 不管長、短期都能賺

我遇到太多投資人想要在金融市場淘金,卻完全不了解市場的遊戲規則,盲目隨著價格追高殺低,搞得人生七上八下的。但基於人性邏輯的投資收益,基本上都是靠運氣,一旦市場週期轉變,又會因為實力不足而吐回去。所以了解市場的本質是投資最重要事情之一。

本章我將説明「有效市場」與「無效市場」的區別,這對投資而言具有重大意義,因為它們對資本市場的運作和投資策略的制定會產生深遠影響。若能深入探討這兩者之間的區別,將有助大家做出更明智的決策,進而提高資本利得的穩定性。

有效市場和無效市場是根據「市場資訊反映程度」和「資本分配效率」

來區分的。下面將分別對這兩個市場進行相關介紹：

# 有效市場》資產價格可快速反映可用資訊

　有效市場是基於美國經濟學家尤金・法馬（Eugene Fama）於 1960 年代提出的「效率市場假說」（Efficient Market Hypothesis，簡稱 EMH）」，其主要闡述市場中的資產價格，可充分並迅速地反映所有可用資訊。

　根據資訊反映程度不同，有效市場可分為下面 3 個層次：

## 1.弱式有效市場

　價格已經充分反映了過去的交易資訊，包括股票價格和交易量。在弱式有效市場中，技術分析無法實現超額收益。因此，當市場是弱式有效市場時，採用技術分析等於是挖坑給自己跳，還不如定期定額投資指數基金來得有效。

## 2.半強式有效市場

　價格不僅反映了過去的交易資訊，還反映了所有公開資訊，例如公司財報、新聞報導和市場分析。在半強式有效市場中，技術分析和基本面分析

都無法實現超額收益，所以許多人以為努力就能獲利的底層邏輯，其實是賺不到超額收益的。

## 3.強式有效市場

價格反映了所有公開和未公開（私有）的資訊。在這種市場中，即使利用內線消息也無法實現超額收益。

實務上，因為人性的關係，強式有效市場的存在時間不長，市場多半在弱式與半強式的有效市場之間游走。

由於有效市場中，資產價格能夠快速地反映市場中的資訊，這意味著投資人無法通過分析市場資訊來獲得超額收益，所有的付出都是做白工，還會因為行為偏誤的問題而造成虧損，這就是為何我要在後文中說明指數投資的原因之一（詳見 2-3）。簡單來說，就是在有效市場，你的分析不容易「一分耕耘、一分收穫」。

目前市場上，與有效市場有關的觀點大致有下面幾個：

1. **資本分配效率高**：有效市場主張資本能夠流向具有最高投資報酬的企業，從而推動經濟增長，市場參與者可以獲取和分享資訊，使得資源得

以高效分配。所以為何要懂財務分析？因為懂財務分析才能選龍頭股、選成長股、選價值股，畢竟好企業資源多、抗壓性強，經濟不好時撐得住，經濟好時漲不停。

2. **價格具隨機漫步特性：**許多研究報告指出，過去的股票價格和報酬無法預測未來的報酬。這意味著在有效市場中，價格具有「隨機漫步」特性，沒有規律，也無法被預測，投資人無法通過分析過去的數據來獲得超額收益。

在這我強烈建議大家，要看過《漫步華爾街》這本書，強化市場有效性信念後，深植潛意識，這樣在未來執行定期定額指數基金的投資策略時，才能如魚得水，收益滿滿。

3. **長期下，主動管理基金的表現未勝過被動管理基金：**在長期下，主動管理基金的平均表現並未超過被動管理基金（如指數基金），這一結果支持有效市場假說，因為它意味著投資人無法通過分析市場來獲得超額收益。看吧，我們不信都不行！但別忘了，這是長期喔，短期上主動管理仍然具有優勢。

4. **市場對於新資訊的反應非常迅速：**事件交易策略是用來分析特定事

件對資產價格影響的方法,通常用於評估資訊在市場中的反應速度。許多事件研究發現,市場對於新資訊的反應非常迅速,這支持了有效市場的觀點。好比我常在年報公布之前進場,在年報公布之後,使用移動停利,在價格跌破一定收益之後出場,從不戀棧。

　　5. **套利機會一閃而逝**:套利定價理論是一種資產定價方法,它認為資產的預期回報與多個因素有關,這些因素可能包括經濟、政治和市場因素。在有效市場中,套利機會將迅速消失,因為市場參與者會利用價格差異進行套利,從而使資產價格恢復正確的水平。所以我在操作可轉換公司債(CB,簡稱「可轉債」)時很低調,因為套利機會有限,人愈多收益就愈少。

　　綜合以上,有效市場主要強調市場資訊反應的速度和完整性,以及資本分配效率,指出投資人在長期內難以實現超額收益。然而,有效市場也面臨著來自行為偏誤、市場操縱和資訊不對稱等方面的挑戰。這些反駁意味著市場在某些情況下現出無效的特徵。

## 無效市場》資產價格無法充分反映可用資訊

　　大家懂了有效市場後,那無效市場就是反過來,它是指金融市場無法充

分、迅速地將所有可用資訊，反映在資產價格上的情況。此時投資人就有機會通過分析來獲得超額收益。

無效市場的出現可能與多種因素有關，如資訊不對稱、市場操縱、行為偏誤，以及市場參與者的經驗和知識水平等。在這種情況下，投資人可能通過分析公開資訊，或運用專業技能來實現超額收益。

以下是無效市場的主張（也就是有效市場的挑戰）：

1. **行為金融學**：行為金融學家研究了市場參與者的心理因素和行為偏誤，認為這些因素可能導致資產價格偏離其內在價值，並提出了一些市場無效性的實證證據。例如，「過度自信」可能導致對自己的預測過於樂觀，從而影響市場價格。同樣，「損失厭惡」和「錨定效應」也會導致價格偏離其內在價值。這些行為偏誤，揭示了市場在某些情況下無法充分反映所有可用資訊。這就是我在後續章節中要特別說明「行為金融學」的原因（詳見 2-2），因為了解對手與自己，就先贏一半。

2. **資訊不對稱**：「資訊不對稱」是指市場參與者之間在資訊方面存在差距，某些投資人可能擁有其他參與者無法獲得的資訊。這種資訊不對稱，易導致資本分配不當，影響市場效率。就像我一天要花 8 小時研究市場，

而多數投資人是追股號,當市場有機會或風險時,兩者之間的執行力是完全不同的。

3. **人為操縱**:人為操縱是指部分市場參與者利用其影響力或資訊優勢操縱市場,使資產價格偏離其內在價值。人為操縱的存在使得資本分配效率降低,這與有效市場假說的觀點相悖。看到這,大家應該可以理解為何要進行籌碼分析了吧?跟著大戶賺錢的邏輯,就是要抓到人為操縱的線索。

4. **長期記憶效應**:金融市場具有長期記憶效應,這意味著過去的價格變化,對未來價格的影響會持續很長時間。這種現象與有效市場假說中的隨機漫步假說相矛盾,表明市場在某些情況下無法充分吸收和反映資訊。

好比 2008 年股市大跌對多數人造成的虧損記憶,讓人無法在 2009 年股市起漲時進場。好在我深知這道理,在 2009 年仍勇敢進場,結果光 2009 年的收益就夠我吃好幾年。所以如何發現無效市場,其實就是超額獲利的機會點。

5. **資本資產定價模型(CAPM)的局限性**:CAPM 是一個廣泛應用於投資組合管理和風險評估的模型,然而,實證研究發現,CAPM 並不能充分解釋資產回報(指報酬)的變異。這表明市場無法完全反映所有風險

因素，存在無效性。

　　白話來說，投資組合的實際結果不如理想，會出現異常大賺與大賠的情況，穩定性不如預期。所以市場上一堆講投資組合的書，其實就是一個觀念，在有效市場時有效，到了無效市場時，又統統是天書了。

　　**6. 股票市場異常回報**：一些研究報告揭示了股票市場的異常回報現象，例如價格動量、價值效應和規模效應等。這些異常回報現象表明，投資者能夠利用這些策略在市場上獲得超額收益，進一步說明市場的無效性。也因為這樣，努力學習，提高分析能力，在無效市場時還是會有超額收益的概率。

　　**7. 泡沫和崩盤**：泡沫是指資產價格遠高於其內在價值，而崩盤是指價格迅速下跌至更低水平。泡沫和崩盤現象對有效市場假說提出了質疑，因為它們表明市場價格無法反映資產的真實價值，這些現象的出現可能與投資人的過度熱情、投機行為和盲目追逐等心理因素有關。當出家人看股市、投資人看佛經時，就是有效市場面臨挑戰時。

　　對於泡沫和崩盤，若你是股市老鳥，應該很有感；若是新手，大概還是停留在「別人恐懼我貪婪，別人貪婪我恐懼」的字面意思，至於心理感受

還未爐火純青,有所定見。不過大家不用過於害怕,畢竟行情不崩,財富要怎麼重新分配呢?亂才有大錢賺!太平盛世都是一般般。

8. **新興市場的無效性**:相對於成熟市場,新興市場往往更易出現無效性,這可能與新興市場的監管制度、市場參與者的經驗與市場的整體成熟度有關。因此,研究新興市場的特點,對於理解市場無效性具有重要意義。

若投資人選擇定期定額投資新興市場的話,基本上收益效率較差,但因為不能說的祕密,多數人還是被誤導了。建議大家應選擇有效性較高的歐美市場,執行長期投資也是正確的。

到這大家應該可以了解,無效市場是指金融市場無法充分、迅速地將所有可用資訊反映在資產價格上的情況。這種市場現象可能與多種因素有關,如資訊不對稱、市場操縱、行為偏誤和市場參與者的經驗等。如此才能制定適合的交易策略獲取收益。

## 有效市場賺基本收益、無效市場賺超額收益

綜上所述,有效市場與無效市場是兩種截然不同的市場類型(詳見表1)。有效市場以資訊反應迅速、價格充分反映所有可用資訊為特點,使

**表1** **在有效市場，投資人難以實現超額收益**

——有效市場vs.無效市場

| 分析 | 有效市場 | 無效市場 |
|---|---|---|
| 優勢 | 1.資訊反應迅速，市場價格充分反映所有資訊<br>2.投資人可以通過持有指數基金降低風險 | 1.投資者可能在市場失靈中找到投資機會<br>2.股票價格可能被低估，投資人有機會獲得超額收益 |
| 劣勢 | 1.投資人難以實現超額收益<br>2.市場波動可能讓投資人產生恐慌性賣出 | 1.資訊披露不充分，市場參與者無法準確評估公司價值<br>2.市場操縱和內幕交易破壞市場公平和透明 |
| 機會 | 1.鼓勵投資者進行多元化投資<br>2.健全的金融監管和制度為企業和投資者提供了更多的發展機會 | 提高投資人教育和保護制度，如提高信用交易的審查標準，來降低投資人放大槓桿的額度 |
| 威脅 | 1.情緒因素和群體行為影響市場價格<br>2.量化交易和算法交易可能影響市場機制 | 1.社交媒體和網路資訊平台助長市場傳聞和未經核實的資訊<br>2.政策干預導致市場失靈 |

投資人難以獲得超額收益，並需同時利用多元投資以降低風險。無效市場則以資訊披露不充分、市場參與者難以評估公司價值為特點，容易出現人為和內幕交易等不公平現象。

為何用「有效」、「無效」來說明市場呢？這是為了強調市場在資訊反

映和資本分配效率的「不同結果」。這兩個詞語有助於投資人了解在什麼市場該做什麼交易策略？好比我針對有效市場的定律，會定期定額投資指數基金（即指數型 ETF）；而針對無效市場，則使用期權、籌碼分析、技術分析、財務分析等交易手法，快速賺取收益。

　　至於有效市場與無效市場的策略哪種好？對我而言都好，只要適合自己就好，沒有一定。況且在實戰中，有效市場和無效市場的特徵往往共存，而不是絕對的二分法，大家應該對這點有清晰的認識，以便制定合適的投資策略。對於有效市場，投資人可以通過持有市場組合與長期耐心來降低風險，賺取基本收益。對於無效市場，投資人應該提高警惕，注意市場操縱和交易異常等風險，善用所學，尋求潛在的投資機會來賺取超額收益。

　　最後，無論是有效市場還是無效市場，大家都應保持冷靜和理性的投資態度，絕對不是存股策略對不對、技術分析有沒有用、基本面反應速度太慢的問題，而是在當前處於何種市場？該用什麼投資策略與分析方式才是正解？如此才能避免受到市場情緒波動的影響，從而實現長期穩定收益、短期超額報酬的綜合績效。

(2-2)

# 認識行為金融學
## 避免受行為偏誤影響

　　我超想教行為金融學的，因為在歐美頂尖學府中，行為金融學是投資領域必修的科目，可惜在台灣被視為百無一用而沒有市場。不過我認為正確的事必須堅持做，因此，本章節就來討論這個獲利關鍵。

　　行為金融學是一門研究人類心理及其對投資決策行為影響的跨學科領域，並且分析在金融市場中，人們的投資行為為何會偏離理性經濟學的預期，比如說投資人都知道要停損、不追價，但是在投資過程中，其交易行為卻不聽使喚。

　　為此，經濟學家和心理學家針對行為金融學進行了廣泛的研究，揭示了許多行為偏誤，例如過度自信、損失厭惡和代表性偏誤等，都會對投資者

的決策產生重大影響。我也是在了解行為金融學之後，收益才開始穩定，相信本章節也能對大家的投資產生深遠的啟示。

　　行為偏誤是指人們在決策過程中，受到非理性因素影響而做出偏離理性判斷的行為。這些行為偏誤可能導致投資者在金融市場中遭受損失。以下將介紹一些常見的行為偏誤及其對投資者造成的影響：

## 過度自信》高估個人表現以至於忽略風險

　　過度自信是行為金融學中最重要的概念之一，指的是投資人對於自己的能力、知識和判斷過於樂觀，以至於忽略風險，並高估自己的投資表現。過度自信會導致投資者進行過度交易、忽視風險警示以及錯失良好的投資機會。

　　尤其是當訊息來自於新聞，而投資人又過度解讀的話，更易使過度自信帶來過度交易，使得交易成本上升，並降低投資組合的總收益，導致資產價格波動。以上這種過度自信，就是造成市場反應過度的主因。對比技術分析來看的話，就是乖離率過大、爆大量等情況。

　　若希望自己在投資時，能避免行為金融學中的過度自信，以下有幾個方

法供大家參考：

## 1.自我反省

　　每天寫交易筆記檢討決策，客觀分析成功和失敗的原因，以認識自己的能力和局限。

## 2.積極學習

　　持續學習和提升金融知識，了解市場動態及投資工具，保持謙虛的心態。

## 3.分散投資

　　避免過度集中資金於單一投資標的，實行分散投資策略以降低風險。我認為這方法最最最重要！

## 4.設定停損點

　　設定停損點，且一旦達到停損點，就必須果斷執行。但這在實務上很困難，所以分散投資最重要！

## 5.設立投資目標

　　設定合理期望，達到目標時，及時調整投資組合，避免因過度自信而承擔過多風險。

## 確認偏誤》低估異己觀點而陷入僵化的思維模式

確認偏誤是行為金融學中一個重要的概念,指的是投資人在面對資訊時,「傾向於尋找和關注支持自己已有觀點的證據」,同時忽略或低估與自己觀點相悖的資訊。這種偏誤會導致投資人做出錯誤的投資決策,陷入僵化的思維模式。而克服確認偏誤的方法,有以下幾個:

### 1.主動尋找與個人觀點相悖之資訊

在做投資決策時,主動尋找與個人觀點相悖的資訊,以便全面考慮市場情況。

### 2.運用不同來源的資訊

使用不同類型和來源的資訊,避免對某一類資訊產生過度依賴。

### 3.保持批判性思維

對所有資訊保持警惕和質疑態度,避免盲目接受符合自己觀點的資訊。

## 代表性偏誤》依賴刻板印象導致評估失準

代表性偏誤指的是投資者在評估概率和做判斷時,容易依賴刻板印象,

而非根據實際數據和概率進行評估。這將導致投資人對資產的價值和風險評估失準，進而影響投資決策的正確性。

若想克服代表性偏誤，可參考以下解決方法：

## 1.著重多元分析

重視多元分析，如總經分析、基本面分析、籌碼分析、技術分析，以避免過度依賴刻板印象。

## 2.提升統計和概率知識

提升對統計和概率知識的理解，讓自己基於實際數據和概率去分析，而非直觀判斷。

## 3.制定投資策略

制定清晰的投資策略和風險管理計畫，遵循策略進行投資，避免受到代表性偏誤的影響。

## 4.從多角度評估

以多角度評估投資標的，從不同維度探討其價值和風險，避免因為代表性偏誤而對某些因素過度關注。

## 5.分散投資

通過分散投資降低代表性偏誤帶來的風險，避免將資金過度集中於某一類型的投資標的。最重要就是這條，百搭！

## 6.定期檢討

確保自己能夠遵循投資策略和風險管理計畫，以避免受到代表性偏誤的影響。

## 在地偏誤》過度偏好特定標的恐增加風險

在地偏誤是指投資人在進行投資時，過度偏好本國或熟悉的投資標的，而忽略或低估其他國家或地區的投資機會。這種現象在行為金融學中被認為是一種行為偏誤，主要源於投資者的熟悉程度和心理安全感。

在地偏誤可能導致投資組合過度集中於特定的國家或地區，從而增加風險。舉例來說，如果一個台灣投資人的投資組合主要由台灣企業組成，那麼他可能面臨較高的地區風險，如政治風險、經濟風險等。

此外，過度專注於在地投資也可能讓投資者錯失其他國家或地區的高回報投資機會。因此在我的投資組合中，一定有海外市場，其中美元、美股、

美債更是必要。畢竟金融市場繞來繞去，都跟以上三者有關。

為了克服在地偏誤，投資人應該考慮將投資組合分散到多個國家和地區，以降低風險並提高回報潛力。這可以通過直接投資外國企業股票、購買國際指數基金或全球指數基金等方式實現。此外，投資人也應該定期檢討投資組合，確保其遵循風險管理原則，並適時調整部位，以降低在地偏誤的影響。

## 情緒波動》心情起伏下易做出非理性投資決策

情緒波動指的是大家在面對市場變化時，情緒的起伏變化對其投資決策產生影響。情緒波動可能導致投資人在恐懼、悲觀、樂觀或貪婪等情緒驅使下，做出非理性的投資決策，從而影響投資組合的風險和報酬表現。因此我會回測波動大小與損益的關係，就是在科學證明承受市場波動的能力，決定收益。若在風險管理的章節中（詳見 4-2），就是標準差的概念，大家可以前後對比會更加了解。若想要避免情緒波動，有下面幾種方式：

### 1.增強自我意識

學會察覺自己的情緒變化，及時調整心態，避免在情緒影響下做出非理性投資決策。

## 2.制定投資規則

波動無法避免，但標的的金額大小可控。選擇適合自己的股價，避免因情緒波動而偏離策略。

## 3.學習冥想和放鬆技巧

通過冥想、瑜伽等放鬆技巧來平衡情緒，提高情緒管理能力。

## 4.設立停損點和停利點

「進場前」確定停損點和停利點，以限制潛在損失和保護利潤，同時減少情緒波動對投資決策的干擾。

## 5.分散投資

通過分散投資來降低風險，有助於減少因單一投資標的波動引起的情緒波動。是不是百搭！

# 損失厭惡》不願停損反使虧損進一步擴大

損失厭惡指的是投資人對損失的反感，遠大於對同等數額收益的喜悅。換句話說，損失厭惡是人們在面對潛在損失時，表現出的過度保守和風險規避行為。這種心理現象源於人類天生對損失的恐懼，可能對投資者的投

資決策產生不利影響。例如，損失厭惡導致投資人在面臨虧損時過於猶豫，不願意割肉停損，結果導致損失進一步擴大。

同時，損失厭惡也會使得投資者過度追求安全的投資標的，而錯失具有高回報潛力的投資機會。至於克服方法，我會考量標的價格的高低，若對損失厭惡很有感的人，就可以選擇股價相對低或是以零股的方式來建立部位。至於高低是多少沒有一定，不過我們可從低價股一天波動 5% 開始練習，觀察自己面對過程中的損益是否能承受，若能承受的話，大約就是這個範圍。

## 從眾效應（羊群效應）》市場過熱小心出現泡沫化

從眾效應（羊群效應）是行為金融學中的一個重要現象，指的是投資者在做投資決策時，容易受到其他投資者行為和意見的影響，從而產生模仿效應。

從眾效應導致投資者在市場中追求熱門標的，導致資產泡沫和市場崩盤。當投資人跟隨群體追求熱門標的時，使其價格遠超過其實際價值，形成泡沫；當泡沫破裂時就是崩盤。所以我從不追高，只做多方趨勢拉回再漲，空方趨勢反彈再跌，以此來克服群體效應引起泡沫的問題。

# 錨定效應》囿於既定資訊而錯失良機

投資人在做決策時,易受到某一初始資訊(錨定點)的影響,進而影響後續決策。意即投資人在面對新情況時,會將某一先前獲得的資訊作為參考基準,並過度依賴此資訊來判斷和做決策,而忽略了其他相關資訊。

好比覺得上次買的股價才多少,現在卻貴很多,於是遲遲未進場,結果只能看著股價天天上漲。或是前幾天進場後,股價走勢不如預期而停損,結果停損後又出現交易信號,此時在錨定效應的影響下,多半投資人是無法再偏多交易的,結果就這樣錯過上漲波段。

錨定效應這種心理現象源於人類思考和決策的局限性,會對投資人的投資決策產生不利影響。例如過度依賴某一檔股票的歷史高點作為參考價格,而在股價下跌時猶豫不決,錯失適時賣出的機會;同樣地,在買入某一檔股票時,過度依賴其歷史低點作為錨定點,也會導致無法客觀地評估其價值和風險。

要克服錨定效應,大家需要培養客觀、理性的投資思維,避免過度依賴單一資訊來判斷和決策。此外,更應該學會從多個角度分析投資標的,以獲得更全面、客觀的市場資訊。如此也可以降低錨定效應。

# 過度交易》太頻繁交易會使成本上升和績效下降

當投資人因為過度自信或情緒化而頻繁進行交易的行為，導致交易成本上升和投資績效下降的現象。過度交易會使得投資人陷入「活躍管理偏誤」的陷阱中，因過度追求短期的高報酬，而忽略了風險管理和長期投資規畫。

尤其是在當沖的時候，我常常會提醒大家：「當沖不是天天沖，而是有行情波動時才沖」。但別誤會，這不是指當沖不會賺錢，而是天天當沖的不會賺錢。大家要了解，金融市場的努力方向不是過度交易，在那些分分秒秒都在交易的投資人中，沒看過有幾個資產穩定向上的，倒是向下的很穩定。

# 短期主義》聚焦短期報酬恐犧牲長期收益和風險管理

投資人過度關注短期投資報酬和市場波動，忽略長期風險和投資規畫的行為。這種行為往往會導致投資人做出非理性的投資決策，犧牲長期收益和風險管理，影響投資結果。要解決短期主義問題，我是用「心理帳戶」的方式，將交易策略分成短期與長期，如此可對沖短期與長期的缺點，並取其最大交集的好處。

　　心理帳戶的觀念是將錢劃分為不同的帳戶，並對每個帳戶設定不同的投資目標和限制，從而對錢的使用方式產生不同的認知和情感反應。這樣的好處在於提高理財效率、降低風險、提高資金利用率、促進投資決策等。通過心理帳戶，大家可以更好地了解自己的投資目標和限制，從而促進投資決策，使得交易行為更加理性。

## 預測錯誤》認知和思維受局限造成判斷失誤

　　當投資人預測市場走勢和標的價值時，因受到各種行為偏誤的影響而做出錯誤預測，導致投資失敗。預測錯誤是行為金融學中常見的一種投資失誤，其根源於人類的認知和思維方式存在種種局限性。

　　要克服預測錯誤，我是利用「概率出發，避險永生」的方法。在多元分析取其交集往往有較高的概率降低預測錯誤，同時為避免判斷失誤帶來損失，再額外利用選擇權的方式進行避險，如此降低預測錯誤帶來的影響，讓收益持續穩定上升。

## 規律偏誤》依過往經驗投資卻忽略現實情況

　　行為金融學中的規律偏誤，是指投資人會根據過去的市場經驗和歷史數

據，認為市場會按照一定的規律運作，從而做出錯誤的投資決策。這種偏誤會導致投資者忽略現實市場的變化和風險，僅根據自己過去的經驗進行投資。

要克服行為金融學中的規律偏誤，大家要考量 2-1 中有效市場與無效市場的觀念。行情在有效市場時，存在一定的規律性；但當無效市場出現時，所有的規律都將無效。所以為何避險很重要？因為出現風險的隨機性很強，不過如何預測、分析，都將出現規律外的金融事件。

## 多空市場心理》受股市漲跌影響過於樂觀或悲觀

多頭趨勢是指市場處於上漲趨勢的時間，投資人往往對市場抱有樂觀的預期，認為股票價格會繼續上漲。在這種情況下，投資人的投資心理往往會變得較為樂觀和自信，容易出現過度自信、過度樂觀的心理偏誤，從而導致投資風險的忽略和錯誤的投資決策。

相反，在空頭期間，市場處於下跌趨勢，投資者往往對市場抱有悲觀的預期，認為股票價格會繼續下跌。在這種情況下，投資者的投資心理往往會變得較為悲觀和沮喪，容易出現損失厭惡、逃避風險的心理偏誤，從而導致過度悲觀和過度謹慎的投資行為。

再者，大家也可以想想，當你持有股價上漲的股票時，是不是看什麼都是偏多解讀；若股價一直漲，但手上沒有股票時，則多是偏空解讀。因此，基於以上的心理反應，大家需要時時控制自己的情緒和心理偏誤，從多角度思考市場變化和風險，才能更好地應對多頭和空頭趨勢帶來的變化。

## 前景理論》因不確定性傾向於高風險策略

前景理論是行為金融學的一個重要框架，提出投資人對於風險和不確定性的決策，不僅受到預期效用的影響，還受到對於風險和不確定性的主觀感受的影響。

具體來說，前景理論認為投資人會將自己的投資決策分為 2 個階段：「贏得一份」和「損失一份」。對於贏得一份，人們傾向於選擇相對穩定的投資策略；而對於損失一份，人們傾向於選擇高風險高收益的投資策略。簡單來說，就是一種是對於收益的渴望，另一種是對於損失的恐懼。人們在面對不同情感狀態時，會有不同的投資偏好和決策行為。

好比如果一個人損失了 1,000 元，他感受到的痛苦，會比獲得 1,000 元帶來的愉悅感更強烈。所以大家知道為何總是小賺大賠嗎？因為停利相對停損簡單，當無法依紀律而停損的部位，往往都在持續損失，這就是交

易紀律為何如此重要的原因，停損、停利都有其規範，超出此規範時，交易行為就容易被行為偏誤綁架而渾然不知。

看到這相信大家已經了解，行為金融學是一門研究人類投資決策行為的學科，它認為投資人的決策行為往往會受到心理偏誤和認知失誤的影響，導致投資決策出現偏差，從而對投資結果產生負面影響。這些行為偏誤和認知失誤包括過度自信、確認偏誤、代表性偏誤、在地偏誤、情緒波動、從眾效應、規律偏誤、損失厭惡、錨定效應等等。

如何解決這些問題呢？首先，大家需要學習如何控制自己的情緒和行為偏誤，不受情緒波動的影響，不盲目跟隨市場趨勢。其次，需要制定明確的投資策略，根據風險承受能力和投資目標，選擇合適的投資組合。並且要定期檢視和調整投資組合，確保部位符合市場變化和風險承受能力。同時，大家還需要注重投資教育和學習，提高自己的專業知識和技能，從而更好地應對市場變化和風險，實現穩健的投資報酬。

# 2-3
# 結合指數投資與因子投資
# 創造穩健收益

我的第一桶金就是透過指數基金與因子投資賺到的，15 年前因為還是新手，並不知道「因子投資」這麼專業的名詞，只是單純在回測的依據下，持續買入。現在回頭來看，這就是本章節要說明的「指數股票型基金（以下簡稱「指數基金」）」與「因子投資」的共振。

指數基金，也就是投資人常會聽到的指數型 ETF，是追蹤、模擬或複製某個市場指數，例如美國的「標普 500（S&P 500）指數」或是「台灣 50 指數」等績效表現的基金。這種投資策略的優點是低成本、高度分散，除了可以降低單一個股的風險，而且還很容易理解。此外，因為是採被動管理，並且會進行汰弱留強，因此至少可以獲得市場該有的平均回報（指報酬）。

　　而因子投資則是分析特定的經濟或金融因子（如價值、動量、環境等），來獲得超過市場平均水平的報酬。這種策略的核心理念是利用市場上普遍存在的風險因子來獲得額外收益。因子投資可以是主動管理的，也可以與被動投資結合。

　　指數基金和因子投資可說是兩種不同的策略：指數基金追求市場平均回報，降低風險和成本；而因子投資則尋求額外收益。投資人可以根據風險承受能力、投資目標和期望回報，選擇合適的策略。而我則是將兩者組合在一起共振使用，因為有效市場與無效市場總是不斷變化，配合指數基金追求平均回報，而因子投資則尋求超額收益的策略。長期結合下來就是平凡中透著夢想。現在我們就來看看其中的觀念吧！

## 指數投資》追求低風險、貼近市場報酬的策略

　　指數投資就是利用指數基金來進行投資的一種投資策略，其主要目的是追蹤某一市場指數的表現，透過購買與之相對應的證券，來實現與指數相近的報酬。此投資策略的核心理念是：與其試圖通過選擇個別股票來打敗市場，不如將資金分散投資於整個市場，以降低風險，並且獲得穩定報酬。

　　如果是較為貪心的投資人，或是在不了解股市的情況下，多半不會有機

會接觸到指數投資。就像 15 年前我初入股市時，也是被電得金光閃閃，因為想把虧損打平，才接觸到指數投資，從此便廢寢忘食，深入研究這個領域。

接下來，我們就來看看指數投資有什麼特性：

## 1.被動管理

指數投資多半是被動管理策略，因為投資經理人的主要任務是確保基金持有的證券與目標指數保持一致，而不是主動分析和選擇股票。因此較無人性的問題。

## 2.低成本

由於指數投資通常採用被動管理，基金經理人不需要花費大量時間和資源進行股票分析和選擇，因此管理費用和交易成本相對較低。而這是指數基金打敗其他主動基金的主要原因之一。記得，「低成本」是投資很重要的一環，不可輕忽。

## 3.高度分散

指數投資的另一個重要特點是高度分散。通過追蹤市場指數，投資人可以將資金分散投資於整個市場，這有助於降低單一股票或行業的風險。這

種分散投資方式可以提高投資的穩定性，降低潛在風險。

再者，分散投資不單是為了降低風險，而是確保買到飆股，好比美國標普 500 指數的漲幅，經常是由其中的少數股票所創造的。要如何確保選股能選到這些股票呢？只要把它們統統買下來就對了。

### 4. 與市場相近的報酬

指數投資的目標是獲得與市場指數相近的報酬，而不是試圖打敗市場。實際上，有許多研究均表明，長期來看，指數投資往往能夠超越大部分主動管理基金的表現。這主要是因為指數投資低成本以及高度分散的特點所致。

既然介紹那麼多指數投資的好處，接下來我將為大家介紹 2 檔指數投資的標的：

### 1. 元大台灣 50（0050）

0050 是台灣最有名的 ETF，追蹤「台灣 50 指數」，該指數由台灣上市公司「市值最大」的 50 家公司組成，涵蓋了多個行業，如電子、金融、傳產等。相對於上動管理基金，0050 的管理費用較低，降低了投資人的持有成本。此外，具有較高的流動性、高透明度、可享有額外的股息收益，

也都是 0050 優於一般股票的好處。

　　由於 0050 本身已經符合市值的特性，且其所持有的標的很分散，因此較無個股風險，只有系統性風險與買賣時機的風險。系統性風險是指因天災人禍等，讓所有股票都受到波動的風險。由於系統性風險無法透過分散投資組合來規避，因此，我們可將重心放在買賣時機的風險。

　　對付買賣時機的風險，定期定額是方法之一。可惜這方法簡單歸簡單，但從 0050 每次股價大跌就爆大量來看，多數投資人還是把 0050 當傳統股票在買賣，完全失去指數投資的意義。像這種以市值為主，且分散投資標的的商品，本身就是最好的投資組合之一，只要「buy and hold（買進並持有）」就是最佳策略。

　　若以現在的角度回頭看，從 2013 年 3 月 6 日起，每月定期投資 1 萬元到 0050，至 2023 年 3 月 30 日，共經過約 10 年的投資時間，總報酬率達 85.95%，年化報酬率則是 6.35%（詳見表 1）。

　　雖然在這段時間內，台灣股市經歷了幾次重要的市場事件，如中美貿易戰以及新冠肺炎（COVID-19）疫情等，但即使市場波動，由於定期定額可在低點時買入更多單位，在高檔時買入較少單位，故過程中只要不隨意

## 表1 每月花1萬元買0050，10年總報酬率逾85%
——元大台灣50（0050）定期定額投資成效

| 項目 | 說明 |
|---|---|
| 投資標的 | 元大台灣50（0050） |
| 每月投資金額 | 1萬元 |
| 投資時間 | 2013.03.06～2023.03.30 |
| 累積投資金額 | 121萬元 |
| 股利金額 | 33萬7,699元 |
| 總持有股數 | 1萬8,564.23股 |
| 總投資成本 | 121萬元 |
| 資產終值 | 224萬9,985元 |
| 損益金額 | 103萬9,985元 |
| 總報酬率 | 85.95% |
| 年化報酬率 | 6.35% |

註：1. 不計算手續費、證交稅等費用；2. 不足1股以四捨五入處理；3. 以收盤價作為交易價格；
　　4. 每月6日扣款，指定扣款日未開市，遞延至下一個交易日；5. 股利再投入

資料來源：MoneyDJ

賣出，就能降低持股的平均成本。而只要成本一低，市場波動帶來的影響就會下降，如此形成正向的飛輪效應，想獲利只要抓準經濟週期就好。

早期台灣的 ETF 沒有太多選項，時至今日，各式各樣的 ETF 如雨後春筍

般出現,但獲利的定律是不變的,像以市值為投資組合、低成本、高流動性、低追蹤誤差等原則,比來比去差異不大,只要是自己可承受的價格就可以。例如 0050 與富邦台 50(006208)本質上很接近,但 006208 在股價上相對較低,更適合大多數人進行定期定額策略。

### 2.SPDR 標普 500 指數 ETF(美股代碼:SPY)

現在把時間往前倒帶,回到 10 年前,當時我也是進行類似上文所述的回測,也因為這樣,我開始進行定期定額指數基金,只不過是從台股前進美股。

為何會前進美股呢?因為美股的市值是全球最大。我在查詢全世界以市值為核心的指數基金時,選擇以「投資市值前 500 大」的 SPY 為標的,並把本來買 0050 的策略(在我那個年代買 0050 零股並不方便),改成買進 SPY。

SPY 是 1 檔追蹤美國標普 500 指數的 ETF,它的目標是將投資組合配置成與標普 500 指數相匹配,以便實現與該指數相近的投資報酬。SPY 的特性如下:

①**規模龐大**:SPY 是全球最大、最受歡迎的 ETF 之一,資產規模巨大,

流動性極高。只要能打敗在地偏誤的認知，SPY 是優於 0050 的。

②**分散風險**：標普 500 指數包含了美國市場規模最大、最具代表性的 500 家公司，可以實現高度分散投資的定律。相較於 0050 只有 50 家公司，SPY 具有更好的分散效果。

③**低成本**：SPY 的管理費用相對較低，比台灣的 ETF 都低，這也是我前進美股的主因。

由於美股 ETF 是以 1 股為交易單位，比台股買 1 張更具彈性，也適合當時我的資產情況，於是只要我與太太有多餘資金，就持續放大金額投入。有時依定期定額，有時依當時所需的技巧擇時進入，但不管是什麼方法，就是持續進行從不間斷，直到 10 年後的今天，最低成效大致如表 2 所示（此處單純計算定期定額，不計算其他交易策略）。

因為台股與美股的相關性很高，若單純以報酬率來看，SPY 的表現與 0050 並無太大差異，但若再考量標準差、夏普值等風險係數，則以 SPY 的表現較佳。不過最重要是後面要提到的因子投資觀念，在當時只有美股有較多的因子投資選項，所以前進美股不單是為了指數投資，還有因子投資的前提，不過台股近幾年有關因子投資的選項也愈來愈多了。

# 因子投資》尋求超額報酬的策略

　　有指數基金的投資觀念之後，將因子與其結合，就成了因子投資。因子投資是一種基於市場中普遍存在的風險因子，來建立投資組合的策略。例如台股的元大高股息（0056），就是取其「高股息」的因子。這些風險因子一般具有影響資產收益的特徵，所以因子投資的核心理念就是利用這些風險因子，創造更高收益的可能。

　　常見的風險因子包括價值、動量、質量和低波動性等。這些因子在不同的「時間段」和「市場環境」下具有穩定的表現，可以用來構建投資組合，實現超過市場基準水平的收益。

　　在實戰中，我通過 2 個觀念來實現因子投資，其一為單一因子投資，即選擇一個特定的風險因子；其二則為多因子投資，將多個風險因子組合在一起，如此就能根據市場環境和風險承受能力進行靈活調整，以實現更穩定的收益並降低風險。

　　然而，因子投資也會面臨一定的挑戰和風險，例如：因子的表現會受到市場環境、宏觀經濟因素和政策變化的影響，導致因子策略在某些時期的表現不佳；做分析時過分依賴歷史數據，導致未來實際的表現低於預期等

## 表2 每月花3萬元買SPY，10年總報酬率逾76%
——SPY定期定額投資成效

| 項目 | 說明 |
|---|---|
| 投資標的 | SPDR標普500指數ETF（SPY） |
| 每月投資金額 | 3萬元 |
| 投資時間 | 2013.03.06～2023.03.30 |
| 累積投資金額 | 362萬9,997元 |
| 股利金額 | 48萬7,552元 |
| 總持有股數 | 522.23股 |
| 總投資成本 | 362萬9,997元 |
| 資產終值 | 642萬1,964元 |
| 損益金額 | 279萬1,967元 |
| 總報酬率 | 76.91% |
| 年化報酬率 | 5.83% |

註：1. 以新台幣計價；2. 不計算手續費、證交稅等費用；3. 不足1股以四捨五入處理；4. 以收盤價作為交易價格；5. 每月6日扣款，指定扣款日未開市，遞延至下一個交易日；6. 股利再投入

資料來源：MoneyDJ

等。為了克服這些問題，該有的風險管理不可少，如此才能實現更好的因子投資收益。

在金融市場上，常見的因子投資方式主要有以下幾種：

## 1.價值因子

　　價值因子關注股票的相對價格，通常會用本益比、價值與股價淨值比等指標來衡量。價值股通常被認為是低估的股票，在未來有機會實現更高的收益。

## 2.動量因子

　　動量因子關注股票近期的價格變化，根據個人經驗與回測結果，具有強勢動量的股票短期內往往繼續上漲，弱勢動量的股票則可能繼續下跌。

## 3.質量因子

　　質量因子關注公司的基本面，如盈利能力、盈利穩定性和資本結構等。高質量公司通常具有較低的風險，並可能在市場波動時表現較好。

## 4.低波動性因子

　　低波動性因子關注股票的價格波動，過往研究表明，低波動性股票往往具有較低的風險，在空頭市場環境下也相對表現較好。非常適合無法承受波動的投資人。

## 5.Smart Beta基金

　　Smart Beta 基金是一種基於因子投資策略的基金。這些基金通常採用規

則性來選擇投資組合中的資產，以實現特定多因子投資，此方法可提高投資組合的多元化，降低風險，並在不同市場環境下實現穩定的收益。若不想自己組成因子投資，選擇已組合好的 Smart Beta 基金也是一種選擇。

因為我自己會分析因子，所以比較少使用 Smart Beta 基金，讀者若有需求，可以深入研究。目前台灣的 Smart Beta 基金已有許多，投資人可以根據個人需求，尋找適合自己的 Smart Beta 的基金，例如電動車、AI 等趨勢偏多，就可以選擇相關的 Smart Beta 基金。

## 實戰經驗》養成正確觀念與習慣，才能知所進退

了解指數基金與因子投資觀念之後，本章要分享個人實戰經驗，但在這之前要有以下的認知，不然就跟人人都知道 60 元的台積電（2330），但只有少數幾人抱到 600 元一樣。所以知道什麼因子會賺錢是沒用的，沒有正確的觀念和習慣還是抱不住無法執行，最後跟不知道沒兩樣，明牌滿天飛，抓來抓去，也只是「冥牌」罷了！

### 1.確認投資目標和風險承受能力

確定自己的投資目標（例如長期資本增值、穩定收益或避險效果）和風險承受能力。新手一定要從穩開始，市場有其頻率，先把基本收益拿下來

才是正解。如果你是新手,先從指數基金開始執行,往往都有不錯的結果。

## 2.選擇合適的風險因子

投資人需要研究市場上存在的各種風險因子,如價值、動量、質量和低波動性等。才能在適合的期間選擇適合的因子,因為很少有因子策略是永遠有效的,市場總在無效與有效之間不斷變動。

## 3.定期監控和評估投資表現

因子投資建立後,需要定期監控和評估其表現,而不是佛系投資成仙去。這包括檢查收益率、風險和與大盤的相對表現,同時還要關心市場環境和經濟因素的變化,以確保策略仍然有效。

像長期有效的股債平衡策略在 2022 年因通貨膨脹造成股債雙跌,就是很多人的血淚經驗。而我的解決方法是加入 iMGP DBi 管理期貨策略主動型 ETF(美股代碼:DBMF)、Invesco 德銀做多美元指數 ETF(美股代碼:UUP)2 種 ETF,除了降低傳統股債配置的風險,還能產生不錯的收益(詳見圖 1)。

## 4.隨時調整投資組合

根據監控和評估的結果,需要對組合進行調整,包括更改因子權重、增

## 圖1 股債各半的配置加入DBMF、UUP後，報酬表現更佳
——SPY、TLT各50% vs. SPY、TLT、DBMF、UUP各25%

以初始投入1,000美元來看，SPY 50%＋iShares 20年期以上美國公債ETF（美股代碼：TLT）50%，股債各半的配置，一看就是賠錢。而降低股債配置（SPY和TLT各25%）後，再加入DBMF、UUP各25%的配置，不但能在空頭市場守住收益，還能有優於股債平衡的報酬

單位：美元

—SPY、TLT、DBMF、UUP 各 25%
—SPY、TLT 各 50%

註：1.以美元計價；2.不計算手續費、證交稅等費用；3.以收盤價作為交易價格；
4. 單筆進場；5. 股利再投入；6. 資料時間為 2021.01 ～ 2023.01

減某些資產的持有量，或是更換投資策略等。比如在 2023 年年初，我早早就提醒親朋好友，今年通膨緩解將是「股債雙漲」的一年，那自然就要把 DBMF、UUP 停利，並用收益來加入 Vanguard 整體股市 ETF（美股代碼：

VTI）與 iShares 1-3 年期美國公債 ETF（美股代碼：SHY）以調整投資組合。
直到截稿當下，此投資組合已產生收益。

## 5.留意交易成本和流動性

　　不同的因子投資商品可能有不同的管理費用、交易成本和稅收影響，投資人應選擇成本效益最好的商品。根據我的經驗，交易成本愈貴，愈不適合有效市場，因為長期下來，投資收益都拿去付手續費了。此外，還必須關注投資商品的流動性，盡量選擇具有成交量的商品，以減少追蹤誤差帶來的影響。

　　不同的因子有不同的進退邏輯，因此選擇合適的交易方式可以提高因子投資的效果。對於價值因子，我是在其價值最大時買進，比如爆大量、除權息之後，且不會隨意更換標的，有頻率的長期執行，等待價值被充分體現後才會進行停利。至於動量因子，我是採用趨勢跟隨策略，即選擇價格上漲的股票進行投資。這種交易方式需要技術分析的背景，且要密切關注市場走勢以迅速調整部位，讀者可以參考相關章節（詳見 3-4）。以下舉幾個例子說明：

### 1. 元大高股息（0056）
　　0056 是元大投信發行的 ETF，其目標是追蹤具有「高股息收入」的上

市公司。

　市場上經常把 0050 與 0056 進行比較，但因底層邏輯上兩者的因子並不相同，故易有所偏誤。0056 是以「價值因子」為主，在「資本利得」價差的表現上多半比不上「指數基金」0050，若採用定期定額策略，報酬率並不好，所以我會在 0056 除權息之後，或是系統性風險發生後出現大跌爆大量，且股價負乖離過大時切入加碼部位，這樣才符合「價值因子」的邏輯，並能賺取較大的收益（詳見圖 2）。以此為原則進場，後續在股價漲一大段後，只要使用資金管理的移動停利，都有很不錯的表現。

## 2. 元大 MSCI 金融（0055）

　存銀行股不會倒，是很多投資人存金融股的信念，我以前也相信這個沒道理的道理，但現實卻給了我不同的教訓。回顧 2006 年～ 2009 年這段期間，美國歷經次貸風暴、金融海嘯，美股花旗銀行都沒倒是沒錯，但當遇到合併減資，股價就從 2006 年年底的 570 美元跌到 2009 年的 9.7 美元，最後股票價值如同壁紙。在這種情況下，不用銀行倒，遇到一次自己就先倒了。所以存單一金融股，其實是一種報酬風險比不對稱的方式，因為金融體系經常受債務、槓桿等問題影響而出現風險。

　但由於台股在走勢向上時，不是漲電子股、就是漲金融股與其他類股，

**圖2 0056大跌爆量且負乖離過大後，股價上漲機率高**
——元大高股息（0056）日線圖

註：1.乖離率參數為20；2.資料時間為2022.07.15～2023.03.31
資料來源：XQ全球贏家

要如何取得金融股在上漲時的收益呢？我選擇了0055。

0055是1檔專注於投資台灣金融業的ETF，用意在追求金融股票的投資報酬。所以相比單一銀行股標的，我更偏愛0055，不但能把風險分散出去，收益還比單一銀行股更高。

## 圖3 當MACD柱狀圖由綠轉紅時，可視為偏多格局
—— 元大MSCI金融（0055）日線圖

紅圈表示MACD柱狀圖由綠轉紅；
黑圈表示MACD柱狀圖由紅轉綠

註：資料時間為 2020.11.12 ～ 2021.10.13
資料來源：XQ 全球贏家

　　既然 0055 是全體金融類股的特性，沒有太多人為與個股風險，自然要依「趨勢」的定義來進退。當 MACD 柱狀圖由綠轉紅時可視為偏多格局；當由紅轉綠時，就啟動移動停利，只要不跌破預期的比率就續抱（詳見圖3）。如此反覆依週期交易，不要心猿意馬隨意更換其他股票，獲利往往都是必然的。

### 3.iShares MSCI 美國動能因子 ETF（美股代碼：MTUM）

如果投資人偏愛短期策略的話，追蹤美國股市「動能因子」的 MTUM 應該很適合。這裡的動能因子就是前面所提的動量因子，是基於過去股票表現的指標，衡量股票的價格趨勢和價值變化，而具有動能因子的 ETF 如 MTUM，其投資組合通常包含具有高動能的成長股和高品質的股票，除了能夠提高投資報酬率，同時也可以分散風險，降低單一股票風險。

MTUM 適合用均線和 KD 值找合適的進出場點，讀者可透過回測找到適合自己的均線參數，我自己是習慣用 5 日均線和 35 日均線進行操作。當 5 日均線向上穿過 35 日均線，且 KD 指標出現黃金交叉時，視為偏多進場（詳見圖 4）；反之，當 5 日均線向下穿過 35 日均線，且 KD 指標又出現死亡交叉的話，進行放空。

雖然過程中難免有雜訊，不過在動能因子的影響下，常常有一大段的漲勢或跌勢，長期來看都是贏波段大錢，賠雜訊小錢。另外，雖然動能策略交易較頻繁，但好在美股有許多券商不用交易手續費，省很大。

看到這，讀者應已充分了解因子投資的觀念。在現今市場中，因子投資 ETF 已成為重要的投資策略之一。我在表 3 列出個人經常關注的標的，不過要注意，因子投資 ETF 的績效會隨著市場情況而變化，在不同的市場環

## 圖4 MTUM可在均線和KD指標皆出現黃金交叉時進場
### ——iShares MSCI美國動能因子ETF（MTUM）日線圖

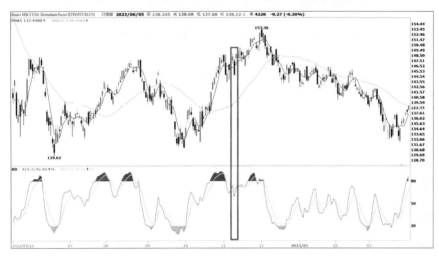

註：資料時間為 2022.05.16 ～ 2023.03.31
資料來源：XQ 全球贏家

境下，不同的因子可能會受到不同的影響，進而影響到因子投資 ETF 的表現，所以投資人應根據大環境選擇，才能有效放大收益。此外，也需留意因子投資 ETF 的數量和因子效應的變化，以確保符合當前的市場環境。

依上文所述，指數投資和因子投資各有其特性。指數投資以追蹤整體市

### 表3 因子投資ETF的績效會隨市場情況變化
——各因子投資ETF報酬率比較

| 商品 | 報酬率（%） | | | | | |
|---|---|---|---|---|---|---|
| | 2017 | 2018 | 2019 | 2020 | 2021 | 2022 |
| Vanguard標普500價值指數ETF（美股代碼：VOOV） | 15.25 | -9.10 | 31.75 | 1.20 | 24.85 | -5.39 |
| iShares標普500價值股ETF（美股代碼：IVE） | 15.25 | -9.19 | 31.63 | 1.21 | 24.72 | -5.40 |
| Vanguard價值股ETF（美股代碼：VTV） | 17.14 | -5.44 | 25.65 | 2.26 | 26.51 | -2.07 |
| Vanguard成長股指數ETF（美股代碼：VUG） | 27.72 | -3.30 | 37.03 | 40.22 | 27.34 | -33.15 |
| iShares標普500成長股ETF（美股代碼：IVW） | 27.22 | -0.19 | 30.77 | 33.19 | 31.80 | -29.52 |
| Vanguard高股利收益ETF（美股代碼：VYM） | 16.42 | -5.91 | 24.07 | 1.14 | 26.21 | -0.46 |
| iShares羅素1000價值股ETF（美股代碼：IWD） | 13.45 | -8.42 | 26.13 | 2.73 | 24.95 | -7.74 |
| iShares MSCI美國優質因子ETF（美股代碼：QUAL） | 22.27 | -5.68 | 33.89 | 17.03 | 26.93 | -20.49 |
| iShares羅素1000成長股ETF（美股代碼：IWF） | 29.95 | -1.65 | 35.86 | 38.25 | 27.43 | -29.31 |
| iShares羅素2000 ETF（美股代碼：IWM） | 14.59 | -11.11 | 25.39 | 20.03 | 14.54 | -20.48 |

資料來源：Yahoo! Finance

場為基礎，以低成本、穩健、易操作為其特點。它的核心思想是通過分散標的來降低「個股風險」，再配合長期定期定額的資金管理，來實現穩定的收益。

而因子投資則以追求「超額收益」為目標。它的核心是基於一定的因子進行股票選擇，以獲取額外的獲利，例如價值、動量、低波動性等。同時，因子投資也需要較強的分析能力，且風險比指數投資要高。

市場經常將指數投資和因子投資的觀念組合成 ETF，進場時要分清楚相關的投資策略為何。我自己是以指數投資為穩定性的基石，再配合因子投資來增加收益，提高整體投資組合的收益水平。大家都知道，要在長期投資過程中不動如山，說很容易，但做起來比登天還難，此時若能配合因子投資，將更符合人性。

另外，個股風險和系統性風險是投資中常見的風險類型，個股風險是指特定股票的不利波動，而系統性風險則是市場整體的風險。至於因子投資自然也有風險，因此除了可透過分散標的、分散進退來降低風險外，還可以透過 2-4 的「資產配置」來降低指數投資、因子投資的風險，這也是投資過程中一定要學會的知識。

2-4

# 資產配置＋投資組合
# **實現財富增值目標**

　　本章我將探討「資產配置」和「投資組合」的投資觀念。想像一下，投資就像是一場盛宴，而資產配置和投資組合就是確保你的盤子裡有各種美味佳肴的方法，讓你在品嘗美食的同時，也能確保營養均衡。

　　資產配置就像是選擇食物，我們可以選擇各式各樣的資產，例如股票、債券、商品和黃金等。如此，不僅可以享受到不同資產帶來的收益，還能降低風險，就好比排餐旁還要再配上幾朵花椰菜，讓食物兼具美味和營養一樣。

　　而投資組合就像是把這些食物放在盤子裡的實際結果。一個好的投資組合應該包括多種資產，就像一個營養均衡的餐盤，在分量、營養、美味等

方面都有最佳比例，才不會變成只是「吃粗飽」。同時，還需要定期檢查這個「餐盤」的內容是否需要調整，比如選擇當令蔬果，在季節不對時買的香瓜是不會甜的，又何必買一堆呢？

「資產配置」和「投資組合」是穩定獲利不可或缺的概念。資產配置是將資產分配到不同的類別中，而投資組合則是所擁有的資產的集合，並根據需求調整比例。當以上概念整合在一起，可以設計出更符合需求的獲利策略。接下來，我們來深入研究其中的核心思想。

## 不想只是僥倖獲利，須掌握6關鍵

資產配置和投資組合在金融領域中是相互依賴的。資產配置是制定投資策略的基礎，而投資組合則是策略實踐的結果。資產配置決定將資金投資於哪些資產類別（如股票、債券、現金、商品等），而投資組合是實際將資金分配到這些資產中的具體表現。換句話說，資產配置是為投資組合制定方向，而投資組合則是按照這個方向執行的過程。

根據我的經驗，資產配置是實現「有效風險管理」和「收益最大化」的關鍵。我經常看到市場上投資人，因為剛好碰到趨勢而獲利，但常趨勢反轉後，又統統吐了回去。若不想成為隨機市場下的倖存者，資產配置與投

117

資組合才是收益的底層邏輯。至於這兩者在操作上有哪些關鍵呢？下面幫大家一一說明：

### 關鍵1》多樣化

資產配置通過投資於不同類型的資產來降低投資風險。這是因為不同資產類別在市場波動時的表現可能不同，多樣化的投資組合能夠抵消單一資產類別的風險。

### 關鍵2》靈活性

資產配置策略需要根據投資人的風險承受能力、投資目標、投資期限等因素來制定。像我一開始是以穩定為主，後續才追求超額收益，而這只要調整資產配置的內容，就能提高整體收益的表現，比如調整股票與債券的比率。靈活性是在隨機市場中必備的專業，不會就等著被電。

### 關鍵3》長期視角

資產配置之所以強調長期投資，因為「長期」有助於投資人避免短期市場波動帶來的不利影響，專注於實現長期投資目標。再者，為了確保資產配置的結果，回測週期也要夠長才能體現，因此，資產配置多半是以長期投資為考量。不過如果真的有短期交易的需求，也可以彈性調整投資組合的比例。

## 關鍵4》平衡風險與收益

資產配置與投資組合的建立，用意在風險和收益之間達到平衡。通過回測結果，我們可以看到相關的報酬率、風險係數，以及獲利與虧損的幅度，並依此挑選適合的方式進行投資，如此既能降低潛在的風險，同時也能追求符合預期的收益。

## 關鍵5》動態調整

投資組合需要定期進行評估，以確保其符合資產配置策略。根據市場變化和投資需求，對投資組合進行比率的調整是非常重要的，因為市場總在有效與無效間波動，不管何種資產配置，都需要適時調整投資組合的比率，唯一的差異只在穩定型的資產配置調整頻率較少，而積極型的則要經常變動。

好比投資組合比率本來是股票 60%、債券 40%，但由於市場的漲跌變為股票 90%、債券 10%，那就要再將股票的比率調降回原先的 60%，並將債券比率調回到 40%。簡單來説，就是初始的資產配置比率「跑掉」太多，比如超出 20% 以上的變化量時，就要透過調整回歸原來的比率。

## 關鍵6》資產選擇與監控

在建立投資組合時，需要對各種資產進行詳細的分析，以確保所選資產

符合投資策略和風險承受能力。因此，資產選擇應涉及對市場趨勢、投資項目的基本面、宏觀經濟環境等因素的研究，並針對內容持續監控，以確保其始終與資產配置策略保持一致性。

## 研究回測報告時，必看6數據

既然是實戰，自然就要看懂回測報告的內容，以此評估策略是否適合自己。以下是我在進行回測時，一定會看的重要數據：

### 數據1》複合年增長率

複合年增長率是一種計算投資或資產增長率的方法，通常用於評估長期投資的表現，以年為基礎，計算從開始到結束期間的平均年化增長率，由於其將所有的增長率平均化，因此會考慮到每年的複利效應。複合年增長率可以幫助投資人了解所用策略的投資表現如何，而不僅僅是看到總收益或虧損的金額，因此數值愈大愈好。

### 數據2》時間加權報酬率

時間加權報酬率主要是將投資組合的報酬率按照「時間加權平均」來計算，以消除投資金額的影響，從而更客觀地反映出投資表現，特別是針對不同投資組合的表現。時間加權報酬率同樣也是愈大愈好。

## 數據3》金錢加權報酬率

金錢加權報酬率是將投資組合的報酬率與現金流量依照「金額加權平均」來計算,以考慮到投資金額和時間的影響,從而更客觀地反映出投資表現。不過若是以定期定額的角度切入的話,金錢加權報酬率的重要性不如複合年增長率與時間加權報酬率。

## 數據4》標準差

標準差是衡量資料變異性的統計指標,常用於金融分析中。標準差表示一組資料點的平均值與每個資料點之間的差異。以測量數據的散布程度來看,數值愈大表示數據愈分散,愈小則表示數據愈集中。在金融市場中,標準差通常用來衡量投資組合的風險,例如:一個具有高標準差的投資組合,表示其報酬波動可能較大,風險也較高,不適合有穩定需求或剛開始投資的投資人。因此,對於長期投資人來說,標準差愈低愈好。

## 數據5》最大回撤

最大回撤是指投資組合在一段時間內從最高點到最低點的最大價值下降幅度,通常以百分比表示,其計算方式為「(最高點價值－最低點價值)÷最高點價值×100%」。最大回撤可以幫助投資人了解在過往投資過程中,資產或投資組合可能遭受的最大損失,從而評估投資策略的風險承受能力。在評估投資組合的風險時,最大回撤愈高,表示潛在的損失風險

愈大；最大回撤愈低，則表示潛在的損失風險愈小。

值得注意的是，最大回撤只能反映過去的投資風險，並不能完全預測未來的風險。然而，它仍然是一個有用的工具，可以幫助投資人衡量自己的風險承受能力，並在制定投資策略時做出更明智的決策。尤其是新手剛開始進場時，最大回撤一定要較小，且須符合個人的承受能力，待收益提高之後，再嘗試較大回撤的超額收益配置。

### 數據6》夏普比率

夏普比率是評估資產風險調整後報酬的指標。夏普比率的計算方法是以投資組合年化收益率減去無風險利率，再除以投資組合或資產的年化風險（標準差）。夏普比率數值愈高，表示投資組合的報酬愈好，風險愈低。

## 透過3範例，了解實際操作方式

了解回測報告的關鍵數據之後，我們來看看不同投資組合的表現。以下分享幾個我覺得不錯的投資組合範例：

### 範例1》VUG＋MTUM＋IYW

範例1是Vanguard成長股指數ETF（美股代碼：VUG）40%＋

iShares MSCI 美國動能因子 ETF（美股代碼：MTUM）40％ + iShares 美國科技 ETF（美股代碼：IYW）20％。

VUG 追蹤 CRSP 美國大型成長股指數（CRSP US Large Cap Growth Index）的表現，主要投資於科技、消費和醫療等行業的美國大型成長公司股票，這些公司有著較高的盈利增長潛力。

MTUM 追蹤 MSCI USA Momentum SR Variant Index 的表現，主要投資於科技、消費和醫療等成長性行業的動能股（指最近表現較好的公司股票）。

IYW 追蹤 Russell 1000 Technology RIC 22.5/45 Capped Index 的表現，投資於美國資訊科技（又稱「信息技術」）行業的股票，包括軟體、硬體、半導體、通信設備、網路等。由於資訊科技是一個要求高度創新技術的行業，故具有較高的成長性和收益潛力。

這個投資組合的策略意義在於：

①追求高成長：VUG 和 IYW 分別代表大型成長型股票和資訊科技行業，這些公司往往具有高盈利增長潛力和創新能力。投資這些 ETF 可以分享這

些公司的成長和價值創造。

　②動量策略：MTUM 代表動量策略，透過追蹤具有強勁價格動量的股票，投資人可以參與市場中的強勢股票，追求超額收益。

　將此投資組合拿來回測過去 10 年（2012 年 1 月～ 2021 年 12 月），則結果將如表 1 所示。

## 範例2》QQQ＋IWN

　範例 2 是 Invesco 那斯達克 100 指數 ETF（美股代碼：QQQ）80% ＋ iShares 羅素 2000 價值股 ETF（美股代碼：IWN）20%。

　QQQ 採用被動式管理方式，追蹤那斯達克 100 指數（NASDAQ-100 Index）的投資表現。主要投資於創新產業領域（涵蓋科技、生物科技、消費和通訊等行業，尤其以科技行業為主）的龍頭企業，具有較高的成長潛力和競爭優勢。QQQ 具有很高的流動性，投資者可以在交易時間內輕鬆買賣，且買賣價差、管理費率相對較低，可助投資人降低交易成本。

　IWN 採用被動式管理方式，追蹤羅素 2000 價值指數（Russell 2000 Value Index）的投資表現。主要投資於小型市值且具有價值特徵（如低本

### 表1 VUG＋MTUM＋IYW組合，複合年增長率逾97%
——VUG 40%＋MTUM 40%＋IYW 20%的投資組合回測結果

| 初始金額 | 最終餘額 | 複合年增長率 | 時間加權報酬率 | 金錢加權報酬率 |
|---|---|---|---|---|
| 1萬元 | 234萬5,935元 | 97.83% | 18.57% | 21.57% |
| **標準差** | **最佳年份** | **最差年份** | **最大回撤** | **夏普比率** |
| 14.73% | 37.67% | -2.17% | -16.77% | 1.19 |

註：1.表格中的最佳年份和最差年份是指單一年度的報酬率最佳和最差者；2.資料時間為2012.01～2021.12

益比、低股價淨值比等）的美國公司為主。

這個投資組合的策略意義在於：

①多元化：同時包含成長型股票（QQQ）和價值型股票（IWN），除了分散風險之外，還具備飆漲的特性。所以每次聽到有人問要選成長股或價值股？我都會說統統組合在一起不就好了？

②平衡風險：成長型股票和價值型股票在不同的經濟週期的表現往往呈現優劣互補。在經濟擴張時期，成長型股票可能表現較好，而在經濟放緩

或蕭條時期,價值型股票可能相對抗跌。這個投資組合可以讓投資人平衡風險,降低波動,提高收益。

③靈活調整:投資人可以根據市場情況和自身需求調整每個 ETF 的配置比率。例如,在科技行業表現強勁時,投資者可以增加 QQQ 的比重;而在市場對價值型股票有更高評價時,可以提高 IWN 的比重。

將此投資組合拿來回測過去 10 年(2012 年 1 月~ 2021 年 12 月),則結果將如表 2 所示。

## 範例3》SPY + TLT + GLD

範例 3 是 SPDR 標普 500 指數 ETF(美股代碼:SPY)60%、iShares 20 年期以上美國公債 ETF(美股代碼:TLT)30% 和 SPDR 黃金 ETF(美股代碼:GLD)10%。

SPY 是追蹤標普 500 指數(S&P 500 Index)的表現,主要投資 500 家美國公司,涵蓋各種行業和市值。SPY 作為一個熱門的美國 ETF,具有較高的流動性,買賣價差也相對較低,有助於降低交易成本。

TLT 是追蹤 ICE U.S. Treasury 20 + Year Bond Index 的表現,主要投

## 表2 QQQ+IWN的投資組合，複合年增長率逾80%
——QQQ 80%＋IWN 20%的投資組合回測結果

| 初始金額 | 最終餘額 | 複合年增長率 | 時間加權報酬率 | 金錢加權報酬率 |
|---|---|---|---|---|
| 1萬元 | 375萬6,744元 | 80.92% | 20.88% | 21.56% |
| 標準差 | 最佳年份 | 最差年份 | 最大回撤 | 夏普比率 |
| 14.95% | 39.66% | -2.69% | -17.66% | 1.31 |

註：1. 表格中的最佳年份和最差年份是指單一年度的報酬率最佳和最差者；2. 資料時間為 2012.01 ～ 2021.12

資於美國政府發行的長期債券，以降低投資組合的風險。不過要注意的是，長期債券對利率的敏感度較高，因此價格可能會有波動，投資人需要注意利率風險。

GLD 追蹤金價表現，以提供投資者參與黃金市場的機會。由於黃金在通膨時具有保值功能，因此可以作為通膨保值的一種工具。

這個投資組合的策略意義在於：

①多元化：此組合包含股票、長期國債和黃金，涵蓋多種資產類別。在

某一類資產表現不佳時，其他資產往往能維持良好表現，持續平穩收益。

②避險效果：投資組合中的 TLT 和 GLD 具有避險特性，在經濟不確定和金融市場動盪時期，有助於降低損益的波動性。

③長期資本增值：SPY 代表美國市值最大的 500 家公司，投資於此 ETF 可以讓投資人分享美國經濟的成長，實現長期資本增值。

④收益穩定性：TLT 具有較高的利息收益，可以為投資組合提供相對穩定的固定收益。

⑤靈活調整：投資人可以根據市場情況和自身需求調整每個 ETF 的配置比率。例如在經濟增長時期，投資者可以增加 SPY 的比重；在開始升息的階段，降低 TLT 和提高 GLD 的比重；而在開始降息時，則提高 TLT 並降低 GLD 的比重。

將此投資組合拿來回測過去 10 年（2012 年 1 月～ 2021 年 12 月），則結果將如表 3 所示。

就過往經驗來看，資產配置和投資組合管理是投資者在追求財富增值過

### 表3 SPY＋TLT＋GLD的投資組合，複合年增長率逾72%
——SPY 60%＋TLT 30%＋GLD 10%的投資組合回測結果

| 初始金額 | 最終餘額 | 複合年增長率 | 時間加權報酬率 | 金錢加權報酬率 |
|---|---|---|---|---|
| 1萬元 | 229萬7,097元 | 72.23% | 11.68% | 12.39% |
| **標準差** | **最佳年份** | **最差年份** | **最大回撤** | **夏普比率** |
| 7.91% | 24.76% | -3.41% | -7.19% | 1.37 |

註：1.表格中的最佳年份和最差年份是指單一年度的報酬率最佳和最差者；2.資料時間為2012.01～2021.12

程中的重要策略。本章節總結了資產配置與投資組合的特性，並列出組合範例，幫助投資人更好地理解這兩個概念。

資產配置是分配不同類型的資產，如股票、債券、現金、房地產等，目的是在不同市場條件下，確保投資組合的價值穩定，以達到長期的財富增值。投資組合則是投資人持有的一系列資產的組合，可以包括各種類型的投資工具，目標是在承擔可接受的風險水平的前提下，獲得最高的收益。在結合兩者的觀念後，投資策略就會具有以下屬性，可對抗市場的隨機性：

1. **多元化**：有助於分散風險，增加投資組合在各種市場環境下的抵禦力。

2.**風險管理**：不同的資產類型在市場波動時的表現不同，通過合理配置，可以應對市場變化，降低潛在風險。

3.**收益最大化**：可以在保持風險水平可接受的情況下追求最高的收益。使投資組合在承擔風險的前提下，獲得最大的潛在收益。

4.**靈活調整**：隨著市場環境和投資者需求的變化，資產配置和投資組合可以進行調整。

5.**長期規畫**：投資人應有長遠的視野，遵循穩健的投資原則，避免短期市場波動帶來的影響。

至於什麼投資組合是最佳的組合，就跟哪檔股票最好一樣，沒有標準答案。但是有一點很重要，新手開始投資時，最好都以穩定為核心配置，待產生收益之後，才逐步進入以超額收益為主的組合。若是逆勢而為的話，沒有任何一種交易策略是能長期獲利的。因此務必要慎重，切記不可在情緒的主導下，直接進行高風險的投資行為。意外需要靠穩定的收益去平衡，才會有出現意外驚喜的機會，不然就真的只會是意外了！

Chapter **3**

# 洞燭機先的投資方法

3-1

# 總經分析》關注4因素
## 抓準市場脈動

多數投資人進入股市是不會去研究總體經濟（以下簡稱「總經」）的，然而在全球化的經濟市場中，了解總經和股市漲跌的關係變得愈來愈重要。我也是偶然在閱讀《經濟學人》時，發現總經與股市之間確實會相互影響，才開始深入研究。研究之後才赫然發現，對於股票投資來說，研究總經不只重要，更是必要。

總經是研究國家或地區的整體經濟狀況，而股市則會反映該地區上市公司的獲利表現。兩者關係密切，卻並非簡單的因果關係，而是會相互影響。比方說經濟增長、通貨膨脹控制、就業和生產等因素，都會影響上市公司的收益和投資者的信心，進而影響股市表現。但這種關聯也並不是絕對的，有時股市也會與總經脫節。比如在某些情況下，即使經濟基本面並不

理想，但由於中央銀行（以下簡稱「央行」）採取寬鬆貨幣政策來刺激經濟，因此反而會使股價上漲。所以投資人在分析股市時，不能只看總經表現，還需要考慮其他眾多因素，才能提高應對市場波動的能力，找出股市趨勢並從中獲利。下面就來為大家介紹幾個與股市較有關聯的總經因素：

## 因素1》通貨膨脹率

經濟增長與股市漲跌之間存在相關性，即經濟增長時，股市往往表現良好；反之，當經濟衰退時，股市通常會出現下跌。所以代表經濟變化的經濟指標，如通貨膨脹率（以下簡稱「通膨率」）、基準利率、領先指標、同時指標等就很重要，因為這些因素會影響上市公司的獲利能力和投資人的入場信心，進而左右整體股市走勢。

通膨率是指消費者物價指數（CPI）的年度變動率，主要反映物價水準的變動情況。通膨率與股市漲跌的關係在市場上一直是重要的研究議題，尤其是在 2022 年～ 2023 年更是如此，不過通膨率與股市漲跌的關係並非線性，而是相對複雜的。

當通膨率上升時，貨幣的購買力下降，使得企業成本上升，可能導致企業盈利受到壓力。此外，通膨率上升可能會使央行採取緊縮貨幣政策，提

高利率，進而增加企業和投資者的資金成本，對股市表現也會產生不利影響（詳見表 1）。但在某些情況下，通膨率與股市之間也可能存在正相關性。例如：在經濟復甦階段，通膨率上升可能是需求增加所導致的，此時企業盈利也可能隨之上升，對股市表現產生正面影響。此外，當通膨率上升時，央行多半會採取寬鬆貨幣政策以刺激經濟增長，這也可能會對股市產生正面影響。

從上述可知，通膨率與股市漲跌之間的關係並不簡單，它們之間可能存在正相關與負相關，因此，投資人除了考量通膨率的變化外，還需要綜合考慮「貨幣政策」（例如升息、降息）等因素，才能更全面地了解通膨率與股市之間的關係。

比方說，2021 年年底我看空 2022 年走勢的依據，除了貨幣政策之外，最重要就是通膨率的變化。那時市場通膨率數據已經破表，強化了我的看空信念，遂把價格高於價值太多的標的全部啟動「移動停利策略」，並且反向大量偏空操作體質差的標的。

那時在表明看空市場後，朋友傳了一堆統計圖表給我，表示 2022 年升息期間股市不會下跌的統計數據。況且，那時台股加權指數處在 1 萬8,000 點的相對高點，加之朋友又滿手剛進場的股票，此時看跌顯然不

表1 **通膨率上升可能會使股市下跌**
——通貨膨脹率與股市的關係

| 影響對象 | 通貨膨脹率上升 | 通貨膨脹率下降 |
| --- | --- | --- |
| 企業 | 成本上升，利潤減少 | 成本下降，利潤增加 |
| 消費者 | 購買力降低 | 購買力增加 |
| 中央銀行 | 提高利率 | 降低利率 |
| 投資者 | 失去信心 | 增加信心 |
| 各行各業 | 某些行業受益 | 某些行業受損 |
| 股市 | 可能下跌 | 可能上漲 |

合人性。於是我也只能尊重朋友的想法，畢竟真要把事情說個明白，有可能情分就沒了，心想著就讓市場去教吧！

　　事後得證，2022 年真的是空頭年，而我能領先市場的關鍵之一，就是同時觀察貨幣政策和通膨率走勢。所以大家千萬不要把複雜市場簡單化了，光只有升息、降息的數據是不夠的，還需要觀察通膨率數據才行。

## 因素2》美國有效基金利率

　　美國有效基金利率是指銀行在貸款和存款市場上的實際利率，通常是以

央行的利率政策為基礎計算的,是一個重要的經濟指標。它不僅反映了銀行在實際交易中的實際收益水平,也反映了整個經濟體系的資金成本和供需情況。

美國有效基金利率是由央行設定的利率,會影響整個經濟體系的資金成本。當美國有效基金利率上升時,企業的融資成本增加,股市可能會下跌(詳見圖1);反之,當美國有效基金利率下降時,股市可能會上漲。不同行業的反映也不同,如金融業和房產業在高利率下會有負面影響,但保險業和銀行業等卻可能因此受益。然而,股市漲跌不只是受到基金利率影響,還會受到其他因素影響,如經濟增長、政策變化和地緣政治等。

在實際操作中,大家會發現美國有效基金利率在很長一段時間內才會有所變動,因此很容易就被忽略。想要掌握市場的先機,我們必須時刻關注相關變化,因為當利率變動幅度加大,變化頻率增加,將會是財富重新分配的絕佳時機。

另外,除了美國有效基金利率,貨幣政策的方向也是很重要的,它是指央行通過調節貨幣供應量來影響經濟的政策;至於美國有效基金利率則是由央行根據資金供需關係以及未來展望來決定的。簡單來說,貨幣政策是對未來的展望,調整美國有效基金利率則是具體的行動,兩者之間的相互

### 圖1 當美國有效基金利率上升，股價可能會下跌

——美國有效基金利率與股市的關係

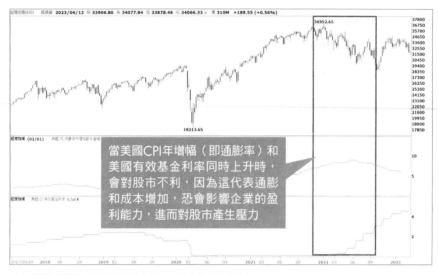

當美國CPI年增幅（即通膨率）和美國有效基金利率同時上升時，會對股市不利，因為這代表通膨和成本增加，恐會影響企業的盈利能力，進而對股市產生壓力

註：資料時間為 2017.09.29 ～ 2023.03.17

影響是不容忽視的。

## 因素3》貨幣供給指標

在此我先提醒大家，下文雖然看似學術性，但最好還是要了解背後的邏

輯，使用時才有信念。投資一定要把馬步扎好，不可躁進。別忘了兔子跑輸烏龜的寓言故事。

貨幣供給就是指一段時間內，整個經濟體系中所有可用的貨幣總量。這個總量的大小會影響到經濟體系中的一系列變化，例如物價水準、利率、通貨膨脹等。貨幣供給由央行來控制，透過調整政策利率、貨幣政策等方式來控制貨幣的供應量。貨幣供給的大小和變化，對於整個經濟體系都有著非常重要的影響。

例如，假設央行決定增加貨幣供給量，透過向商業銀行提供更多的貸款和放寬政策利率等方式，增加市場上的貨幣總量，那麼商業銀行就可以向更多的借款人發放貸款，之後將會有更多的錢被注入到市場上。當人們有更多的錢可以用來購買商品和服務時，經濟自然會變好，連帶股市也會被樂觀看待。反之，如果央行減少貨幣供給量，市場上可用的貨幣總量就會減少，這可能會使商業銀行減少發放貸款的數量和範圍，以及提高利率來減緩市場上貨幣的流通。這樣一來，就可以控制過熱的經濟，但也會影響股市上漲的動能。

有了貨幣供給的觀念之後，我們現在來看央行較為細項的定義。衡量貨幣供給的指標可區分為下列 3 種：

## ①M1A
## M1A＝通貨淨額＋企業及個人（含非營利團體）在其他貨幣機構之支票存款及活期存款

「通貨淨額」指的是公眾手中的現金，此處的公眾包括企業、個人，以及非營利組織。這些現金的特點是可以立即用於交易或支付。

所謂「企業及個人（含非營利團體）在其他貨幣機構之支票存款及活期存款」，指的是企業、個人及非營利組織在各種銀行和其他貨幣機構中的檢查存款和活期存款。這些存款的特點是它們可以隨時提取，具有高度的流動性。

## ②M1B
## M1B＝M1A＋個人（含非營利團體）在其他貨幣機構之活期儲蓄存款

「個人（含非營利團體）在其他貨幣機構之活期儲蓄存款」指的是個人和非營利組織在各種銀行和其他貨幣機構中的活期儲蓄存款。這些存款與一般的活期存款相比，可能提供稍高的利息，但提款可能需要符合一些條件，例如，需要在提款前通知銀行。然而，相較於定期存款或其他低流動性資產，這些活期儲蓄存款的流動性仍然相對較高。

## ③M2
## M2＝M1B＋準貨幣

「準貨幣」指企業及個人在其他貨幣機構之「定期存款」（包括一般定期存款及可轉讓定期存單）、定期儲蓄存款、外匯存款（包括外匯活期存款、外匯定期存款及外幣可轉讓定期存單），以及中華郵政公司儲匯處之郵政儲金總數（含劃撥儲金、存簿儲金及定期儲金）；自 1994 年 1 月起，尚包括企業及個人持有上列機構之附買回交易餘額與外國人持有之新台幣存款（含活期性及定期性）。

了解台灣 3 種貨幣供給指標的定義後，可以看出 M1A、M1B 和 M2 等指標都是用來衡量貨幣供應量，從而反映出經濟體系的資金流動性。接著我將分別解釋這 3 種指標的特性，並探討它們與股票市場的相關性：

M1A：包括流通中的現金以及在銀行和其他貨幣機構中的支票存款和活期存款，這些都是最具流動性的貨幣，可以立即用於交易。在經濟活動旺盛，需求增加的情況下，M1A 通常會增加；反之，在經濟活動疲軟，需求降低的情況下，M1A 可能會減少。

M1B：包括 M1A 以及在銀行和其他貨幣機構中的「活期儲蓄存款」，

這些都是高流動性的貨幣，可以在短時間內轉換為現金用於交易。M1B的變化可以反映出經濟體系中資金的總體流動性狀況，對於了解短期的經濟趨勢具有重要意義。

M2：包括 M1B 以及在銀行和其他貨幣機構中的定期存款、儲蓄存款等，這些存款的流動性相對較低，需要一定的時間才能轉換成現金。M2的變化可以反映出經濟體系中資金的總體流動性狀況，對於了解長期的經濟趨勢具有重要意義。

現在讓我們來看一下這些貨幣供應量與股票市場的相關性：

當貨幣供應量增加，經濟體系中的資金流動性就會提高，這通常意味著利率下降，當利率下降時，人們傾向於將資金投入到可能獲得更高回報的地方，比如股票市場，因此可能會推高股票價格；反之，當貨幣供應量減少時，資金流動性就會降低，這通常會導致利率上升，當利率上升時，人們可能會選擇將資金從股票市場撤出，以獲取安全的固定收益，這可能會導致股票價格下跌。

因此，貨幣供應量的變化會影響股票市場的走勢。其中台股加權指數和M2 年增率本就有高度相關性，但因為要判斷貨幣供給的趨勢，所以要再

加入包含 M1A 的 M1B 年增率，以其形成黃金交叉或死亡交叉的方式來分析。

　　例如 M1B 年增率與 M2 年增率出現死亡交叉的情況，這也是我看空 2022 年股市的原因之一（詳見圖 2）。M1B 年增率反映市場上短期支付需求的變化，M2 年增率則反映市場上長期儲蓄需求的變化，只要分析兩者的變化，就能了解市場貨幣供應狀況，進而預期股市後續的表現。

## 因素4》景氣指標之領先指標、同時指標

　　除了通貨膨脹率、美國有效基金利率、貨幣供給指標以外，投資人還須關注景氣指標中的領先指標和同時指標，分述如下：

### ①領先指標

　　領先指標是指具有領先景氣變動性質的指標，是由「外銷訂單動向指數、製造業營業氣候測驗點、工業及服務業受僱員工淨進入率、建築物開工樓地板面積、實質半導體設備進口值、股價指數和實質貨幣總計數 M1B」等 7 項目的加權平均而得出。

　　領先指標是未來經濟發展的先行指標，與股市漲跌密切相關。大家只要

## 圖2 M1B和M2年增率呈死亡交叉，恐不利股市表現
——貨幣供給指標與股市的關係

註：資料時間為 2018.01.22 ～ 2023.06.12
資料來源：XQ 全球贏家

看國家發展委員會（以下簡稱「國發會」）每月公布的領先指標，就可以大致了解未來經濟發展的趨勢。當領先指標表現良好時，股市通常會上漲；反之，當領先指標表現不佳時，股市通常會下跌。因此，在進行長線布局時，一定要看領先指標的表現為何。比如 2022 年年底，我在說明 2023年行情展望時，就有提到 2023 年股債雙漲，其中看好股市的原因之一，

就是領先指標已有動靜了。

## ②同時指標

　　同時指標是指能夠反映出當前經濟活動狀況的指標，是由「非農部門就業人數、電力（企業）總用電量、製造業銷售量指數、工業生產指數、批發零售及餐飲業營業額、實質海關出口值、實質機械及電機設備進口值」等 7 項目的加權平均而得出。

　　與領先指標可預判未來經濟發展趨勢不同，同時指標是「用來描述當前經濟狀況的指標」，可提供評估經濟績效的重要資訊，是不可或缺的參考指標。

　　結合上述資訊可知，領先指標能夠預測未來經濟發展趨勢，同時指標則反映當前經濟狀況。若將這 2 種指標相互補充，便能夠得出更全面、準確的經濟分析結果。例如，當領先指標與同時指標雙雙共振向下時，股市應謹慎看待（詳見圖 3 之❶）；反之則看漲。當領先指標先行向上，則未來股市看漲的機率相對較高，要好好把握時機（詳見圖 3 之❷）。

　　前述提到的通膨率、美國有效基金利率、貨幣供給指標、領先指標、同時指標等都是非常重要的總經指標，可以反映出經濟的健康狀況。例如：

## 圖3 當領先指標先行向上，股市看漲機率較高
—— 領先指標、同時指標與股市的關係

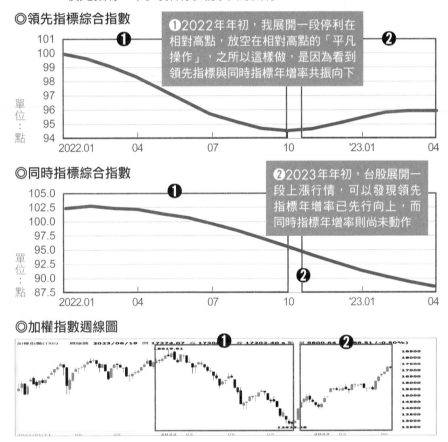

◎領先指標綜合指數

❶2022年年初，我展開一段停利在相對高點，放空在相對高點的「平凡操作」，之所以這樣做，是因為看到領先指標與同時指標年增率共振向下

◎同時指標綜合指數

❷2023年年初，台股展開一段上漲行情，可以發現領先指標年增率已先行向上，而同時指標年增率則尚未動作

◎加權指數週線圖

註：1.國發會每月27日會公布上個月領先指標和同時指標；2.資料時間為2021.01.11～2023.06.19　資料來源：國發會、XQ全球贏家

通膨率上升可能會對股市造成負面影響；美國有效基金利率的變化也會影響企業融資成本和股市表現；貨幣供給指標、領先指標和同時指標則能反映出經濟發展趨勢和預測未來的經濟變化等等。

　　所以，學會分析總經指標極為重要，因為這可以幫助投資人了解整個經濟體系的運作狀況，以便掌握市場動向，制定更明智的投資策略，實現長期投資回報。

## 3-2

# 財務分析》看懂3張表
# 洞悉企業成長潛力與風險

投資的目的就是為了賺錢,而賺錢的方法之一就是要對投資的公司進行全面且客觀的評估。財務分析就是透過分析財務報表,了解公司的盈利能力、財務結構、營運效率、現金流等,從而評估其成長潛力和風險程度,以做出明智的投資決策。

如果不懂財務分析,可能會像我以前那樣,單純靠著技術分析來交易,卻買到一些財報紅字的股票而不自知,等遇到意外時才後悔莫及。所以大家一定要學習財務分析,並將其納入投資決策的考量因素之中,才能達到長期穩定收益的目的。

財務分析是投資決策中重要的一環,可以幫助投資者了解一家公司的財

務狀況和表現，評估其成長潛力和風險程度，從而做出明智的投資決策（詳見表1）。例如我們最常聽到的價值投資，就是一種基於財務分析的投資策略。

此外，財務分析還可以幫助投資者了解一家公司的成長潛力和風險程度，進而評估其投資價值。如果一家公司具有強大的成長潛力，且風險較低，那麼投資者可以考慮長期持有該股票，以期在未來獲得高回報；反之，如果一家公司存在較大的風險，如財務狀況不佳或市場競爭激烈，那麼投資者應該謹慎看待，以避免損失。

不過最重要的是，財務分析可以幫助投資者避免投資到有倒閉風險的公司。若一家公司面臨財務危機，公司股票的價格可能會出現大幅下跌的情形，進而造成投資者的損失，因此當發現公司現金流量不足或盈利能力不佳時，我們更應該謹慎看待。

財務分析對投資決策至關重要，不管是價值投資、觀察股價是否有被低估或高估、評估成長性，以及避開地雷股等觀念，都與財務分析密不可分，絕對是投資決策中不可或缺的一環，故大家應打好基礎，方可穩定收益。

看到這裡，相信大家都已經了解財務分析的重要性。那麼財務報表是什

## 表1 財務分析可助投資人了解公司表現
——財務分析優點vs.缺點

| 序號 | 優點 | 缺點 |
|------|------|------|
| 1 | 可以了解公司的財務狀況和表現 | 財務報表可能存在偽造和誤導 |
| 2 | 用來評估一家公司的成長潛力和風險程度 | 無法100%考慮到公司的未來發展和變化 |
| 3 | 判斷股票的價值是否被高估或低估 | 只能從財務角度評估公司，而市場是由多種因子組成 |
| 4 | 幫助投資人避免投資具倒閉可能性的公司的風險 | 需要專業知識和技能，對投資人門檻較高 |
| 5 | 為長期投資提供參考和支持 | 財務分析需要時間和精力投入 |

麼時候會公布呢？依照台灣證券交易所公告規定，申報財務報表之期限如表 2 所示。

在實戰經驗中，第 4 季財報（又稱為「年報」）最為重要，若財務內容與市場預期出現較大的落差，經常會連動股價出現大幅波動，而這種獲利機會其實是可以預期的。由於第 4 季財報會一併把前一年度的財報彙整出來，且公司每個月都會公布營收數據，也會定時公布季報，既然這些資料都可以查詢得到，那麼投資人若能長期追蹤前幾季的變化，就可以預測年報的好壞。

我經常使用以上觀念掌握年報的變化，賺取所謂事件交易的收益。所以當有人提出「財務分析是落後指標」的說法時，其實通常是不知道以下這些賺錢的機會：

1. **財報公布前股價波動**：股價會受到市場預期的影響而波動，一般會出現買進氛圍。

2. **財報公布後股價波動**：股價可能會因為公司財報的好壞而有所變化。

3. **年報會影響未來趨勢**：年報提供了一個評估公司長期表現的視角，相比於季報聚焦於短期，年報則反映了對公司未來營運績效的預測，從而站在經營者的角度來預期未來的發展，但實際上將會引領公司之後的發展方向。

接著，我們來看看財務分析中最重要的 3 張報表：

## 綜合損益表》顯示公司經營績效

財務分析中有 3 張最重要的報表，分別是綜合損益表、現金流量表和資產負債表，下面先來幫大家介紹綜合損益表：

**表2** **第4季財報會在隔年3月底前公布前一年度財報**
——申報財務報表之期限

| 財報類別 | 公告期限 |
|---|---|
| 月營收報告 | 每月10日前 |
| 第1季財報 | 每年5月15日前 |
| 第2季財報 | 每年8月14日前 |
| 第3季財報 | 每年11月14日前 |
| 第4季財報 | 隔年3月31日前 |

註：上述公告期限是指一般公司，保險業和金融業的公告期限與一般公司略有差異
資料來源：證券交易所

　　財務報表中的綜合損益表會顯示公司在一定時期內的收入、成本和利潤等情形。透過綜合損益表，投資人可以了解公司的盈利能力、營運效率和風險程度等情況，是財務分析中非常重要的一部分。

　　一般來說，完整的綜合損益表上有許多會計科目，但其實投資人不需要了解那麼細，只要抓住幾個重點，像是營業收入（簡稱營收，指企業在一定時期內從其主要經營活動中所獲得的收入總額）、營業成本（指商品成本，如進貨成本）、毛利、營業費用（指營運成本，如薪水、租金）、營業利益、營業外收入、營業外損失、所得稅、稅後淨利和每股盈餘（EPS）

等就可以了。透過這些會計科目，就能建構出一張簡易的綜合損益表。

從簡易綜合損益表中除了能大致了解公司的經營狀況，更重要的是可以透過這些會計科目來計算其他財務指標，例如毛利率和營業利益率（簡稱「營益率」）等（詳見圖1）。下面就來介紹幾個實戰上重要的財務指標：

## 1.營收年增率

營收年增率是指公司在比較「去年同期」營收的變化率，例如將 2023 年 3 月的營收拿來跟 2022 年 3 月的營收做比較，這樣就能看出營收是否成長。我自己是偏愛營收年增率大於 10%，且有在持續放大的標的。之所以看營收年增率不看營收月增率，是因為營收月增率容易有淡、旺季效應，用來觀察某些產業是不準確的。

除了營收年增率之外，還有一個與營收有關的指標值得關注，那就是「3 個月平均營收大於 12 個月平均營收」，我把這項指標取名為「產業營收強度」。因為 3 個月平均營收若能大於 12 個月平均營收，一般都是產業趨勢有所變動，連動股價進入偏多趨勢，自然可樂觀看待相關個股。

## 2.毛利率

營收高不代表公司有賺錢，關鍵還要看毛利率。在介紹毛利率之前，先

## 圖1 透過營收與成本，就可以算出公司毛利
——簡易綜合損益表

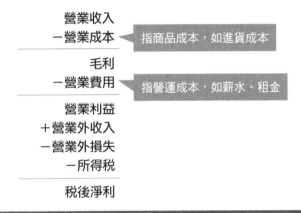

營業收入
－營業成本　　　　指商品成本，如進貨成本
_____
毛利
－營業費用　　　　指營運成本，如薪水、租金
_____
營業利益
＋營業外收入
－營業外損失
－所得稅
_____
稅後淨利

**◐ 每股盈餘＝（本期稅後淨利－特別股股利）÷流通在外普通股數**

和大家介紹一下毛利：毛利＝營業收入－營業成本，而毛利率就是毛利占營業收入的比重。

　毛利率與股價關係密切，毛利率高表示企業能控制成本，市場競爭力高，有機會賺更多的利潤，股價有想像空間；而毛利率低則會影響股價表現，是空頭期間看空股票的參考。所以想要股價波段上漲，公司的毛利率應該要維持在較高區間，若再加上每期的毛利率都能成長，我就會將該檔個股

列入觀察名單，繼續深入研究。

　　基本上，我偏愛毛利率大於 20%，且穩定維持或每季都成長的標的，從不會選「茅山道士（指毛利率 3% ～ 4% 的個股）」，找自己麻煩。

### 3.營業利益率

　　在介紹營業利益率之前，先和大家介紹一下營業利益：營業利益＝營業收入－營業成本－營業費用，而營業利益率就是營業利益占營業收入的比重。營業利益率愈高，表示企業的成長性愈好，長期而言與股價有高度相關性。

　　以餐飲股王品（2727）為例，這家公司的毛利率很高，大多在 40% 左右，但因為營業成本也很高，所以造成 2022 年第 2 季營業利益率大幅縮水。但再看 K 線圖會發現，王品的股價仍有一段漲勢（詳見圖 2），這是因為 2022 年第 3 季的營業利益率成長性很大，短期有轉機股的特性所造成。不過，若要長期投資的話，營業利益率最好還是不要有負值比較好，畢竟轉機是一時的，長期穩定才是永遠。

### 4.稅後淨利率

　　稅後淨利率（又稱「稅後純益率」）是指稅後淨利占營業收入的比重。

## 圖2 營業利益率由負轉正，帶動王品股價上漲
——王品（2727）日線圖

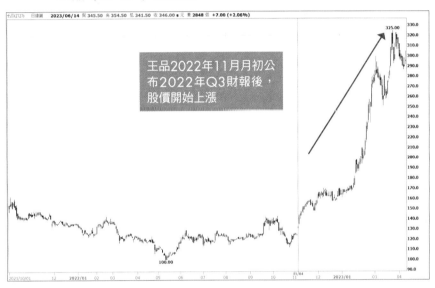

王品2022年11月月初公布2022年Q3財報後，股價開始上漲

◎王品（2727）毛利率、營益率

| 項目 | 2021.Q4 | 2022.Q1 | 2022.Q2 | 2022.Q3 |
|------|---------|---------|---------|---------|
| 毛利率（%） | 43.61 | 44.36 | 39.26 | 44.99 |
| 營益率（%） | 3.57 | 3.49 | -7.30 | 5.95 |

註：1. 王品 2022 年 Q3 財報公布於 2022 年 11 月月初；2. 資料時間為 2021.10.01～2023.04.14

資料來源：XQ 全球贏家

在財務分析中，稅後淨利率是一個重要的財務指標，用於評估企業的盈利能力。稅後淨利率愈高，意味著企業獲得的利潤相對較高，更能滿足股東和投資人的長期利益需求。

實戰中，我經常把稅後淨利率與無風險利率（美國公債殖利率）做比較，雖然這並不完全符合理論觀點，但若投資一家公司的報酬率，連無風險利率都無法超過，又何必到股票市場上冒險呢？好比說現在 2 年期美國公債殖利率為 5%，而公司的稅後淨利率也小於 5%，這種標的我就會直接跳過放水流。

## 5.每股盈餘

每股盈餘是公司將盈利分配給每股普通股股東的部分，是衡量一家公司財務績效的重要指標之一，它可以幫助投資者了解公司的盈利能力和價值，以及股票投資的報酬表現。

在計算每股盈餘時，需要了解公司的收入和支出，以及股份結構和股份變化。每股盈餘的計算方式為「（本期稅後淨利－特別股股利）÷ 流通在外普通股數」。

既然現在的看盤軟體都可以查到每股盈餘，為何還要特別列出公式呢？

這是為了讓大家了解，如果一家很賺錢的公司每股盈餘卻很低，是因為被分母「流通在外普通股數」給平分了。所以若是希望透過長期投資賺取企業收益成長，不是單純看公司有沒有賺錢就好，還要看利潤可能會被分掉多少。

新聞經常報導每股盈餘表現如何如何⋯⋯，但投資人可不要單用每股盈餘來評估一家公司的價值和盈利能力，仍須結合其他財務指標，例如股價、本益比、營收和現金流等一起分析，才能有更高的投資勝率。

若一家公司的營收年增率、毛利率、營業利益率、稅後淨利率和每股盈餘都能保持穩定甚至成長，那當然是最好的！不過看到這裡，相信大家應該已經暈了，因此我將相關概念整理成表 3 給大家參考。

## 現金流量表》反映公司獲利品質

由於綜合損益表有可能造假，因此為了確定真偽，需要再查核現金流量表。現金流量表也是財務報表的一部分，用來顯示公司在一定時間內的現金流入和流出情況。現金流量表的目的是幫助投資者評估公司的現金流動性，倘若綜合損益表中的營收表現很好，但實際上公司卻沒有現金流入，這就有異常了。

　　現金流量表可以分為 3 個部分：「營業活動現金流」、「投資活動現金流」和「籌資活動現金流」：

## 1.營業活動現金流

　　營業活動現金流是公司「營運活動所產生的現金流入和流出」，例如買賣商品和服務、支付員工薪酬和支付稅金等，是企業經營績效的重要指標之一，能反映企業營運能力和現金流量狀況。

　　若營業活動現金流為正數，代表營運狀況良好，數值愈高，往往表現出更高的股票表現和收益，在危機時表現更穩健，股價相對抗跌；若營業活動現金流為負數，則可能存在經營風險，如果投資人硬要挑此類公司來投資，鐵定是跟錢過不去。

　　此外還有一點要注意，如果綜合損益表正常，但營業活動現金流卻很低，代表有雷，千萬要小心！

## 2.投資活動現金流

　　投資活動現金流是公司「投資活動所產生的現金流入和流出」，例如購買和出售固定資產或設備、投資於其他公司和支付貸款本金等。一般來說，投資活動現金流為負值很正常，表示公司有在進行投資行為，股票通

### 表3 每股盈餘高代表未來投資報酬也可能較高

——5種財務指標公式與意義

| 財務指標 | 公式 | 意義 |
|---|---|---|
| 營收年增率 | （本期營收－前年同期營收）÷前年同期營收×100% | 營收年增率可以評估公司的營運狀況和發展趨勢。如果營收年增率穩步增長，這可能是公司經營良好的表現 |
| 毛利率 | （本期營收－本期營業成本）÷本期營收×100% | 毛利率表示每創造1元營收，公司可獲得多少毛利，可以用來評估公司的生產和銷售效率。一般毛利率高的公司，其生產和銷售效率也高 |
| 營業利益率 | 本期營業利益÷本期營收×100% | 營業利益率是指在營運中實現的利潤，可以用來評估公司的營運能力和利潤水平。營業利益率愈高，公司營運能力和利潤水平也相對較高 |
| 稅後淨利率 | 本期稅後淨利÷本期營收×100% | 稅後淨利率可以用來評估公司的盈利能力和稅務風險。如果稅後淨利率高，公司盈利能力較好 |
| 每股盈餘 | （本期稅後淨利－特別股股利）÷流通在外普通股數 | 每股盈餘是指每股普通股股東可以獲得的盈利，可以用來了解投資這家公司的回報情況。如果每股盈餘高，則可視為未來的投資報酬較高 |

常會表現更好，因為公司有更好的資本結構和營運表現，長期增長潛力也會比較高。

只要投資活動現金流出不要長期大於營業活動現金流入，大致上都沒有

太大的問題；但是如果投資活動現金流出長期大於營業活動現金流入，就要特別留意。所以投資活動現金流都要與營業活動現金流一起看，才不會失真。

## 3.籌資活動現金流

籌資活動現金流有時也稱「融資活動現金流」，是公司「融資活動」所產生的現金流入和流出，例如發行股票和債券、償還債務和支付股利等。當公司的籌資活動現金流入增加時，會對股價產生正向影響；反之，籌資活動現金流出增加時，對股價產生負向影響。

資本社會使用籌資搭配財務槓桿來推動企業成長，再正常不過了，但重點在於「賺錢、借錢、投資」三者的平衡，若能取得正收益，那就是會賺錢的公司。所以即使籌資活動現金流為負值，但只要營業活動現金流夠大，本質上還是正常的。

了解現金流量表 3 部分之後，實戰上我還會特別留意「本期產生現金流」和「每股自由現金流」這 2 個關鍵。

### 1.本期產生現金流
本期產生現金流是指公司在一定時間內，由營業活動現金流、投資活動

現金流和籌資活動現金流所產生的現金流入與流出的差額,然後再減掉「匯率影響數」的結果。它可以幫助投資者評估公司的現金流動性和財務狀況。

當本期產生現金流增加時,意味著公司的現金流動性較好,可以支持公司的營運和發展,進而對股價產生正向的影響;反之,當本期產生現金流減少的話,則表示公司的現金流動性可能較差,進而對股價產生負面的影響。所以若本期產生現金流能一期比一期多,自然是比較好。

不管營業活動現金流、投資活動現金流和籌資活動現金流怎麼變化,最後本期產生現金流最好都要是正值,若是長期為負值的話,多半會是地雷股,要再針對其他部分進行驗證,比如速動比率。

## 2. 每股自由現金流

每股自由現金流是每股股票在一定時間內,由營業活動現金流入減去投資活動現金流出所得到的現金流量。

根據個人經驗,我發現當每股自由現金流增加時,意味著公司的現金流動性較好,可以支持公司的營運和發展,進而對股價產生正向的影響;反之,則會產生負面影響。所以我長期投資的標的,一定要每股自由現金流

161

為正值。那麼，若是要做空呢？相信聰明的大家應該會舉一反三吧！

實戰上，我在看每股盈餘時也會檢視每股自由現金流，若都是正值的話，就可以有效降低投資風險。

以護國神山台積電（2330）為例，2023 年第 1 季的營業活動現金流為 3,852 億元、投資活動現金流為 -2,722 億元、籌資活動現金流為 -645 億元、本期產生現金流為 424 億元、每股自由現金流為 4.36 元，體質看起來就頗健全（詳見表 4）。

## 資產負債表》呈現公司償債能力

資產負債表又稱為「負債與淨值表」，也是企業財務報表的 3 大主要組成部分之一，主要反映企業在特定時點的資產、負債及所有者權益情況。資產負債表可以為投資者提供企業財務狀況的一個快照，有助於評估企業的價值和償債能力。

在實戰上我會著重資產總額、股東權益報酬率（ROE）、速動比率等 3 大面向，其中資產總額可直接在資產負債表上找到相關數字，而股東權益報酬率和速動比率則須做進一步計算才能得知。

**表4** **台積電前幾季的每股自由現金流皆為正值**
——台積電（2330）現金流量表簡表

|  | 2022.Q2 | 2022.Q3 | 2022.Q4 | 2023.Q1 |
|---|---|---|---|---|
| 營業活動現金流（億元） | 3,388 | 4,127 | 4,869 | 3,852 |
| 投資活動現金流（億元） | -2,759 | -2,844 | -3,425 | -2,722 |
| 籌資活動現金流（億元） | 191 | -1,304 | -698 | -645 |
| 本期產生現金流（億元） | 1,016 | 428 | 468 | 424 |
| 每股自由現金流（元） | 2.43 | 4.95 | 5.57 | 4.36 |

資料來源：XQ 全球贏家

## 1.資產總額

資產包括流動資產和非流動資產。流動資產是指企業在短期內（1年以內）可以轉換成現金或用於償還流動負債的資產，如現金、應收帳款等；非流動資產則是企業長期使用的資產，如固定資產、無形資產等。當資產總額愈高，代表公司擁有的資源愈多，有利於公司經營和發展。所以我在投資時偏好資產總額愈高的標的，畢竟跟「有錢的公司」在一起，賺錢的機率也會大一點！

較高的資產總額雖然代表公司規模大、穩定性高，容易吸引到投資者，進而提高股價；但是高資產未必會帶來高收益，這就是為何還要分析綜合

損益表成長性的原因。我長期投資的標的，不但要資產總額大，還要成長性夠才行。

## 2.股東權益報酬率

　　股東權益報酬率是指企業股東權益所產生的收益與股東權益投入的比率，通常用來衡量企業經營效益的好壞。股東權益報酬率愈高，代表企業利潤愈高，股東獲得的回報也就愈多。若是進行長期投資的話，這個數值不可不了解。而且股東權益報酬率對於股票報酬率具有明顯的正向影響，相對地投資風險小，報酬機率大。

　　股東權益報酬率是衡量公司利用自有資本獲得收益的能力。股價與股東權益報酬率關係密切——股東權益報酬率高通常表示經營效益好，因此也會吸引投資人買進而推動股價上漲。

## 3.速動比率

　　速動比率是一個衡量公司流動性的財務指標，它的計算方式為「速動資產 ÷ 流動負債」，其中速動資產是將流動資產中的存貨和預付費用扣除後，把現金、有價證券和應收帳款加總的數額。

　　我知道很複雜，但速動比率可以衡量公司是否有足夠的速動資產足以應

### 表5 台積電2023年Q1資產總額逾5兆元
——台積電（2330）財務數據

| | 2022.Q2 | 2022.Q3 | 2022.Q4 | 2023.Q1 |
|---|---|---|---|---|
| 資產總額（兆元） | 4.35 | 4.64 | 4.96 | 5.05 |
| 股東權益報酬率（％） | 9.82 | 10.68 | 10.36 | 6.84 |
| 速動比率（％） | 195.23 | 218.04 | 189.88 | 198.98 |

資料來源：XQ 全球贏家

付短期債務，是一個用來檢視地雷的好指標。尤其是空頭時，若能知道哪檔股票會爆，先行布局放空不是很好嗎？通常速動比率高於 100%，表示公司有足夠的速動資產來應對其短期債務，反之則可能有問題。

速動比率可以用來評估一家公司的投資風險，不過速動比率與股價多半呈現負相關，這是因為公司為了提高速動比率和現金比率，會減少存貨和預付費用的關係，進而對未來的生產和銷售產生負面影響。所以實務上我是看速動比率有沒有大於 100%，來判斷公司會不會爆雷，至於銷售方面的問題，則用綜合損益表來查核。

同樣以台積電為例，2023 年第 1 季資產總額為 5 兆 500 億元，股東

權益報酬率 6.84%，速動比率 198.98%（詳見表 5）。台積電光 1 季的資產總額，就已經勝過許多公司 1 年的資產總額了，這就是我前面所說的「有錢的公司」。

　　財務分析是檢查公司財報，評估經營能力、財務狀況、盈利能力和成長潛力的方法，大家要善用它來制定投資決策。其中，綜合損益表會顯示公司一段時間內的收入、成本、淨利潤等，可用以評估公司盈利能力和成長趨勢。現金流量表則反映公司一段時間內的現金收入和支出，讓投資人了解經營能力和資金運作能力，穩定的現金流量意味著企業有足夠資金應對市場變化，擴大經營規模，為股東創造價值。而資產負債表則呈現企業的資產、負債和所有者權益，讓投資者了解公司資本結構、負債水平和資產運用效率。

　　最後提醒大家，在每次財報公布時要習慣進行財務分析，以便全面評估公司的經營狀況、盈利能力、資金運作能力和資產負債狀況。研究財報雖然很辛苦，但這樣才能提高持股信心，有機會賺取未來的幸福收益。但建議先掌握本章節的關鍵數據，以簡馭繁，等熟悉之後再進一步研究其他財務數字，千萬不要在一堆數據中亂了方寸，反而失去分析財報的意義。

（3-3）

## 籌碼分析》借助相關指標
# 把握行情轉折點

在投資股市中，了解市場大戶的行為和心理狀態是非常重要的。然而，要全面了解市場動態並不容易，因此，投資人需要借助一定的工具和方法。籌碼分析便是這樣一種方法，它源於美國並在全球股市中被廣泛應用，是我認為「短期投資中最重要工具之一」。

透過對各類籌碼的變化情況和進行深入分析，有助於大家更好地把握市場走勢，進而提高投資回報率和風險控制能力。

## 擁4好處，是短線投資的重要參考依據

籌碼分析是一種金融分析方法，評估股票市場的投資者心理和行為。因

為股票價格不僅受「基本面」和「技術面」因素影響，還受到投資人的「交易活動」影響，因此大家在投資時，一定要了解籌碼分析的好處有哪些。

就我的觀察，籌碼分析至少有下面幾個好處：

### 好處1》預測市場趨勢

籌碼分析透過對大股東、法人、外資等機構投資人和散戶的持股情況與交易行為的深入研究，可發掘潛在的市場趨勢，更好地把握市場走向。比如在實戰中，若加權指數籌碼偏多布局，我對股市就會較為樂觀；若是籌碼偏空，就會保守或反向偏空操作。

### 好處2》降低投資風險

籌碼分析能夠讓投資人了解其他主力的意圖和策略，從而在市場變動時做出即時調整，降低投資風險。例如當主力一路賣出股票，就不應該再進場去蹚混水，散戶的買盤是很難抵抗大戶賣出的力道的。

### 好處3》提高投資報酬

籌碼分析有助於投資人發現潛在的投資機會，透過跟蹤大機構投資人和散戶的行為，大家可以在適當的時機買進或賣出，提高投資報酬。所以短線上想要買了就看漲的話，最好先觀察一下籌碼是否在偏多情況，否則大

戶籌碼在賣出，你卻用夢想在推動股價，那結果就不好說了。

## 好處4》與其他分析方法結合可提高準確性

籌碼分析可以與其他技術分析和基本面分析相互結合，進行綜合評估，從而提高投資決策的準確性。這就是我經常提到的「共振」原理，如同《孫子兵法》中「故經之以五事，校之以計，而索其情。一曰道，二曰天，三曰地，四曰將，五曰法。」這句話的觀念一樣，投資也需要經過多方面的考慮和評估，才能了解整體的實際情況。千萬不要只看股價上漲就進場追價，風險是很高的。

此外，要注意的是，雖然實戰結果顯示，整合總體經濟分析、基本面分析、籌碼分析等方法，對股票報酬率的解釋能力已高達 80%，但其中籌碼分析只反映了短期市場的資金流動情況。以我的實戰經驗來說，主力連續買超期間大多在 20 天以內，很少有連續性買超大於 20 天以上的，所以對於長期投資者而言，籌碼分析的參考價值相對較低。

且當大盤好時，類股多半也不錯，相對應的個股自然漲不停，所以運用籌碼分析時，應先從大盤與類股的籌碼開始分析，接著再尋找個股籌碼偏多的股票。而若是採用選股不選市的策略，也並非不能獲利，只是對於投資人的心理素質有較大的考驗。

# 善用籌碼指標變化，判斷大盤與個股走向

籌碼分析是股票市場中一個很重要的技巧，對獲利有很大的幫助。在分析時，一定要注意「籌碼指標」的變化，以了解市場上各種人的持股情況和交易行為。這些指標包括主力進出、法人的買賣超、資金流入和流出、持股集中或發散、融資與融券的餘額等，透過研究這些指標，大家可以清楚股價趨勢，找到好的投資機會。以下就來說明我使用這些指標的心得：

## 1.大盤相關籌碼指標

與大盤相關的籌碼指標有「前 10 大法人淨部位」、「ADR 指標」和「OBOS 指標」這 3 個：

### ①前 10 大法人淨部位

淨部位是交易人在期貨市場上所持有的買入合約與賣出合約的總淨額。簡單來說，它反映了期貨市場合約中的總風險。一般當前 10 大法人淨部位偏多時，大盤走勢偏多的機率較大；反之則偏空。

但大家要知道，期貨市場有避險的功能，所以要與股票市場的籌碼一起看。比方說加權指數主力買超向上，而前 10 大法人淨部位也向上，則未來應偏多思考（詳見圖 1）。若是現貨市場的籌碼偏多，期貨市場卻偏空，

## 圖1 期貨與現貨市場籌碼皆向上，可偏多操作
——台指期近月日線圖對照加權指數日線圖

註：資料時間為 2022.09.28 ～ 2023.06.21
資料來源：XQ 全球贏家

則要留意不一定是法人偏空操作，也可能是為現貨進行避險的動作，千萬不要看到法人未平倉偏空方，就看空股市，這是很危險的。

### ② ADR 指標與 OBOS 指標
漲跌比率指標（Advance-Decline Ratio，ADR）與超買超賣指標（Over

## 圖2 短期ADR站上長期ADR指標，表示多數股票上漲
——加權指數日線圖

註：資料時間為 2022.05.26 ～ 2022.08.24
資料來源：XQ 全球贏家

Bought-Over Sold，OBOS）是根據股市中每天上漲和下跌的股票數量
（又稱「家數」）計算得出的，我會用它們來輔助判斷大盤的多空方法，
因為大盤對了，個股也就差不多對了。不過因 ADR 指標與 OBOS 指標是
用來判斷上漲與下跌的家數，故只適用於加權指數、櫃買指數、類股，不
適合用在個股。

### 圖3 當OBOS指標接近上下水平線區間，行情經常反轉
——加權指數日線圖

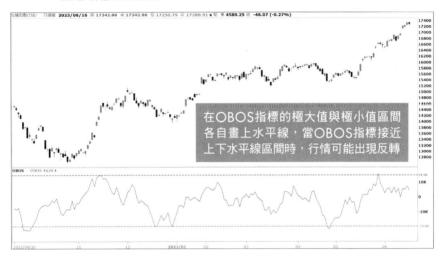

在OBOS指標的極大值與極小值區間
各自畫上水平線，當OBOS指標接近
上下水平線區間時，行情可能出現反轉

註：資料時間為 2022.09.20 ～ 2023.06.16
資料來源：XQ 全球贏家

　　ADR 指標的計算方式為「上漲家數 ÷ 下跌家數」，實戰上可用來判斷短期行情的波動。當短期（5 天）ADR 指標向上，甚至站上長期（20 天）ADR 指標時，表示加權指數中多數的股票是上漲的，對於未來行情應偏多思考（詳見圖 2）；反之，當短期 ADR 指標向下，且在長期 ADR 指標之下時，則應偏空思考。

OBOS 指標的計算方式為「上漲家數－下跌家數」，我會用它來判斷波段高低點的轉折。實戰上，我會在 OBOS 指標的極大值與極小值區間各自畫上水平線，這是一種統計常態分布區間的簡單方式，當 OBOS 指標接近上下水平線區間時，行情經常反轉（詳見圖 3）。這是我抓行情高低轉折的訣竅之一，大家要記起來。

不過在這要提醒大家，在統計與判斷上，OBOS 指標上方與下方的水平線並非一個精準的點位，而是一個機率較高的區間，當到達這個區間時，使用資金管理中的分散投入，都可以買到相對低點。但若你執意想買在絕對低點的話，那就只能算八字，看買不買得到。

## 2.個股相關籌碼指標

與個股相關的籌碼指標有「主力進出」、「法人買賣超」、「大戶持股」、「融資維持率」這 4 個，分述如下：

### ①主力進出

主力就是指「前 15 大券商」，而主力進出就是前 15 大券商的買進張數與賣出張數的統計（俗稱「買賣超」）。在所有籌碼指標中，我相當重視主力進出，可惜市場中多只分析 1 日到 3 日的買賣超情況，這多半看不出籌碼趨勢，最好是能夠以「主力持股張數」為主，再輔以 3 日的買賣

### 圖4 主力持股趨勢線向上＋近3日買超，帶動股價上漲
——元太（8069）日線圖

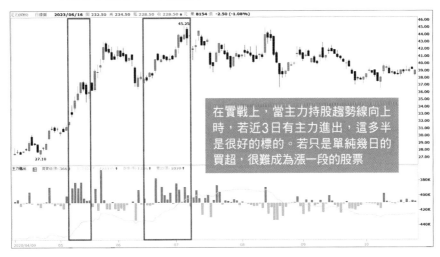

在實戰上，當主力持股趨勢線向上時，若近3日有主力進出，這多半是很好的標的。若只是單純幾日的買超，很難成為漲一段的股票

註：資料時間為 2020.04.09 ～ 2020.10.29
資料來源：XQ 全球贏家

超一起使用，效果會最好（詳見圖4）。

### ②法人買賣超

在籌碼分析中，「法人」是指機構投資者，例如基金公司、銀行、保險公司、證券公司等大型投資機構。這些機構由於資金雄厚、投資經驗豐富，

經常在股市中扮演重要角色。

　實務上，「法人」與「主力進出」的數據走勢有時是一樣的，因為前 15 大券商買賣超，經常就是由法人買賣超所組成。但有時主力買賣超幅度很大，但又不具備法人身分時，就會出現較大的差異，所以實際操作時最好一起檢查，以免誤判。

　另外，在台股中，法人多認定為 3 大法人，由「外資」、「投信」、「自營商」所組成：

　「外資」在台股中指的是來自國外的機構投資者。這些投資者通常包括銀行、基金、保險公司、對沖基金等金融機構，它們在台灣投資股票、債券等金融商品。外資在台灣股市中具有相當的影響力，因為它們往往擁有龐大的資金，並且具有專業的投資管理能力。

　「投信」是「投資信託」的簡稱，它是一種專業的資產管理機構。投信公司會向投資者募集資金，並根據專業的投資策略和分析，將資金投資在股票、債券、貨幣市場等金融市場上的各種金融商品，旨在為投資者帶來長期穩定的投資回報。當投信購買或賣出某檔股票時，可能會對該股票的價格產生一定的影響。如果投信大量購買某檔股票，可能會推高該股票的

價格；反之則會對該股票的價格產生壓力。

在股市中，「自營商」是指自負盈虧的證券交易商。它們通常使用自有資金進行投資和交易，並從股票、期貨、選擇權等金融工具的買賣中獲利。自營商與一般的證券公司不同，證券公司主要為客戶提供投資建議和執行交易，而自營商則主要關注自身投資和交易，因此在策略上與外資、投信不同，交易週期多半更短。

以上外資、投信、自營商的買賣超結果，會組成法人的數據。那能不能只看法人買賣超就好呢？答案是不建議，因為在籌碼分析中，3 大法人共同買賣超時，對股價會有明顯的影響，但若只看法人買賣超，恐無法了解具體情形。

好比法人買超 5,000 張，但查核後發現外資買超 5,000 張、投信賣超 5,000 張、自營商買超 5,000 張，雖然加總後是正值，但其實是不穩定的。若能是外資買超 2,000 張、投信買超 2,000 張、自營商買超 1,000 張，達到 3 大法人「共同」買超的話，那籌碼共振的趨勢可期，未來漲波段的機率更好（3 大法人共同賣超的道理也是一樣）。

在我的籌碼分析中，如果有 3 大法人共同買超的標的，絕對會成為我優

先考慮的名單。不管是股價正準備發動時,或是股價已經漲了一段,只要是 3 人法人共同買超明顯的標的,股價通常都會有很明顯的表現(詳見圖 5)。

### ③大戶持股

集保是指「集中保管」,它是指由「台灣集中保管結算所」負責保管證券市場上的證券及相關的交易資訊。而大戶持股就是統計每週 1 次集保的情況,並用股權分散來表示「多少張以上」的變化。在一般情況中,法人或主力買賣超 1 週之後,就會造成大戶持股出現變化,算是 1 週籌碼趨勢的觀念。

不過實際運用時,我都會先看最小張數,再一路看到最大,如此才能夠了解 1 檔股票 1 週的籌碼動向。因為對於低價股而言,若是用 400 張的預設值評估,往往會受到誤導;反之,高價股若用 400 張的預設值評估,也會有所失真。

從圖 6 大家可以看到,股價與大戶持股的走勢高度相關。以杰力(5299)來說,因為股價較高(介於 75 元~ 250 元之間),大戶持股用 200 張就能看出明顯的變化。而長榮(2603)在 2015 年~ 2019 年股價相對低,約在 12 元~ 22.5 元之間,大戶持股就需要用 1,000

## 圖5 若3大法人共同買超，股價漲勢可期
—— 緯創（3231）日線圖

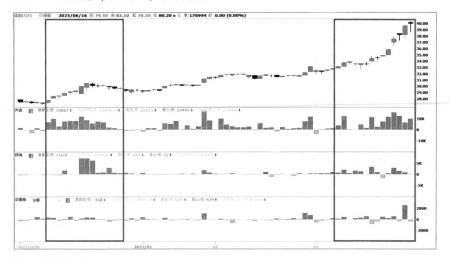

註：資料時間為 2022.12.01 ～ 2023.03.24
資料來源：XQ 全球贏家

張才會比較準確。

要記得絕對不能用大戶持股的預設值來判斷台股 1,700 多檔股票，因為企業是有股性的，用固定思維來投資很危險，應配合分析背後的原埋，保持彈性。

## 圖6 不同股價的標的要用不同大戶持股數查看
——杰力（5299）、長榮（2603）週線圖

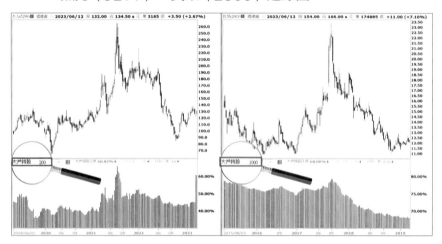

註：杰力資料時間為 2019.06.03 ～ 2023.03.20；長榮資料時間為 2015.08.03 ～
2019.03.11

資料來源：XQ 全球贏家

④融資維持率

融資維持率指的是融資買進股票時，融資金額與股票市值的比率。如果
融資維持率愈高，就表示股票市值愈高，股票過熱的風險也愈高（詳見圖
7）。所以當投資人要追高股價時，最好先看一下融資維持率是否在相對
高檔。

### 圖7 融資維持率上升＋法人買超，可採偏多策略
——元太（8069）日線圖

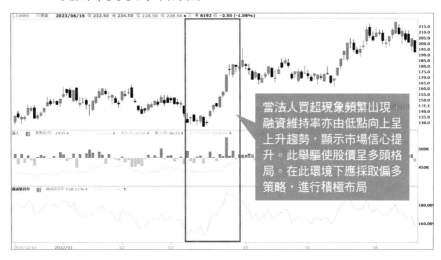

當法人買超現象頻繁出現，融資維持率亦由低點向上呈上升趨勢，顯示市場信心提升。此舉驅使股價呈多頭格局。在此環境下應採取偏多策略，進行積極布局

註：資料時間為 2021.12.10 ～ 2022.06.20
資料來源：XQ 全球贏家

　　而當股價下跌時，融資維持率也會下降。如果融資維持率下降到一定程度，券商會發出追繳令，要求融資買進股票的投資人補繳保證金。如果投資人無法補繳保證金，券商會強制賣出融資買進的股票，這可能會導致股價進一步下跌。不過也因為這樣，當賣壓　次性的大幅減低時，反而是波動的相對低點。

因此，融資維持率是重要的風險指標，投資人在融資買進股票時，應密切注意融資維持率的高低變化，並做好風險管理。

針對上文中列出的多項籌碼指標，我們來做個結論：

首先，可觀察大盤相關的籌碼指標。像是前 10 大法人淨部位是分析期貨市場表現的重要指標。淨部位增加或減少時，都要與現貨市場的籌碼一同比較，才會對未來的方向有較明顯的感覺。

而 ADR 指標與 OBOS 指標作為整體市場的指標，對大盤與類股的預測同樣有一定的參考意義。透過這 2 個指標，大家可以更好地把握整體市場的情緒，提前預判短期內股價可能出現的變化與重要的轉折機會。

其次，可觀察個股相關的籌碼指標。像是主力進出對股價產生重要作用，主力的流入往往帶動股價上漲，流出則可能引發下跌，通過觀察主力動向，大家可以更好地把握市場趨勢。

法人買賣超對股價亦有顯著影響。當法人持續買超時，市場對該股票的信心增強，股價往往上漲；相反，法人賣超時，市場信心下降，股價可能出現下跌。

　　大戶持股則反映了股票的集中度。當大戶持股比率較高時，表明市場對該股票信心較高，未來股價具有上升潛力。然而，過高的集中度也可能增加股價波動風險。

　　最後，融資維持率反映了市場對股票的信貸需求與風險承擔能力。融資維持率由低點增加時，意味著投資人對股票有較高的信心；反之，當融資維持率在相對高檔時，則有行情過熱的跡象，應提高警覺。若大家能掌握以上籌碼分析的重點，相信必能有效提高投資勝率，期許大家持續用功學習，打造財富自由的人生。

3-4

# 技術分析》精準判讀多空
# 伺機逢低布局

技術分析是一種透過分析歷史資料，例如價格和交易量，來預測股票價格變動的方法，所以大家只要仔細研究過去的數據，就可以找出市場高機率的趨勢，並制定投資策略。

再者，技術分析與基本分析不同，基本分析關注公司的財務狀況和行業前景等因素，而技術分析則是運用各種圖表、指標和圖形，來分析市場走勢。因此，技術分析除了用來了解價格趨勢外，還可以用以了解支撐和壓力，以便作為交易決策。

雖然歷史會重演，因此以過去的市場表現為依據，就可以大致推測未來趨勢。不過實務上並沒有這麼簡單，在我的經驗中，技術分析有一些局限

性,例如主觀判斷的成分占比很大,在行情處於盤整階段期間雜訊很多,因此要與財務分析、籌碼分析等同時運用,才能更全面地提高勝率,若單獨使用恐效果不彰。

## 具備3核心觀念,才能靈活運用

技術分析可以透過分析市場行為的歷史數據(如價格和成交量)來預測未來走勢的動向,而且這些指標和策略應用具有高機率的預測能力,並在「某些條件」下能夠帶來超額收益。若想好好運用技術分析,必須要了解3個核心觀念:

### 核心觀念1》價格包含多數資訊

使用技術分析的前提是股價已經反映能影響價格變化的因素,包括基本面資訊、市場心理、供求關係等。因此,通過對歷史價量數據的分析,可以獲得市場的趨勢和動態。但大家要了解,價格包含的是「多數資訊」而非所有的資訊,所以技術分析可以參考,但並不是絕對的。

### 核心觀念2》長期走勢具有持續性

市場趨勢往往具有一定的持續性和可預測性,例如如市場心理、買賣雙方力量的比較等。當這些因素形成一致性時,價格走勢就會沿著某一方向

持續一段時間,因此研究價格的歷史走勢,有助於投資人預測未來的市場
趨勢。不過我要提醒大家,技術分析的週期愈短,行情持續性往往也會比
較短。換言之,看日線與月線不同信號時,會發現月線走勢的持續性會比
較久。

### 核心觀念3》歷史會不斷重演

　　人性不變,因投資人在市場的行為具有週期性和重複性。過去的市場行
為可能在未來的某一時刻重演,這主要是因為參與者的心理和行為模式具
有一定的相似性(了解交易心理是必要的)。通過對歷史數據的研究,就
能找出市場的規律和模式,以便在未來的投資決策中加以利用。

　　綜上所述,技術分析在學術界和實務界的研究中得到了廣泛關注。雖然
有效性和盈利能力尚存爭議,但有愈來愈多的證據顯示,技術分析在某些
市場條件下具有一定的應用價值。對於技術分析,大家的態度不該是信或
不信,而是該熟悉各種技術指標和策略,並根據市場環境靈活運用,從而
提高投資決策的準確性。

## 針對不同趨勢制定相應策略,才有加乘效果

　　在技術分析中,趨勢是指市場價格在一段時間內呈現的方向,可以分為

# 圖1 趨勢類型有多頭、空頭和區間盤整3種
## ——宏亞（1236）日線圖

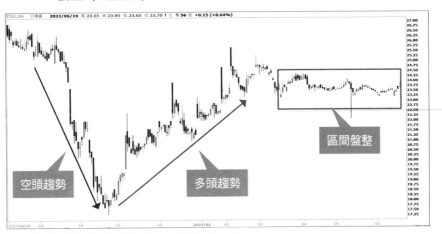

註：資料時間為 2022.08.09 ～ 2023.06.19
資料來源：XQ 全球贏家

多頭趨勢、空頭趨勢和區間盤整 3 種（詳見圖 1）。

## 1.多頭趨勢

當股票價格在一段時間內持續上漲，形成一系列的高點和低點，且這些高點和低點都呈上升趨勢時，我們稱之為多頭趨勢。在多頭趨勢中尋求買入機會，多半獲利機率較大。

## 2.空頭趨勢

當股票價格在一段時間內持續下跌，形成一系列的低點和高點，且這些低點和高點都呈下降趨勢時，我們稱之為空頭趨勢。在空頭趨勢中，我除了會把之前獲利的部位進行移動停利外，還經常會放空體質不好的標的，以賺取超額報酬。

## 3.區間盤整

當股票價格在一段時間內波動幅度有限，並在一個範圍內反覆震盪時，我們稱之為區間盤整。在區間盤整時，若只會交易股票，應多看少做，若會使用選擇權，則可善用盤整策略，賺取「時間價值的收益」，這點在《散戶贏家林昇：實戰上萬次的選擇權獲利 16 招》一書中有特別說明。

了解趨勢的類型和特點，有助於大家把握市場動態，例如：多頭趨勢不做空、空頭趨勢不做多、區間盤整多看少做，如此才能制定合適的投資策略，搭上趨勢波動帶來的收益。

此外，趨勢的觀念不只可以用在股價上，在外匯、籌碼、財務數據等的走勢圖都適用。不過準確性會跟標的成交量有關，愈是大量時，參考性相對較高，比如在外匯分析上，技術分析就有較高的準確性，所以若要善用趨勢帶來的收益，商品本身要有成交量或籌碼帶動。

# 基礎應用》關注2項目掌握股價走勢

技術分析中，我認為有 2 大基本項目需要特別關注，分別是關鍵 K 棒和成交量。分別介紹如下：

## 1.關鍵K棒

在介紹關鍵 K 棒之前，必須先來聊聊 K 棒。技術分析中的 K 棒，全名為 K 線圖，是一種以類似蠟燭圖為基礎的分析方法，起源於日本。

K 棒由實體部分和上、下影線所構成，實體部分表示開盤和收盤之間的價格範圍，上、下影線表示當日最高和最低價格。K 棒有紅色和黑色（有些看盤軟體會以綠色表示）2 種，紅色 K 棒（簡稱紅 K）表示當日收盤價高於開盤價，黑色 K 棒（簡稱黑 K）則表示當日收盤價低於開盤價（詳見圖 2）。

K 線圖能提供價格走勢、高低點、開盤與收盤價格等資訊，對於分析股市走勢具有重要的參考價值。

關於 K 棒的理論研究，真要寫可以寫一整本書，但重點還是放在獲利。實戰上，長紅 K 棒、長黑 K 棒、長上（下）影線、跳空缺口等關鍵 K 棒

## 圖2 紅色K棒表示收盤價高於開盤價

——紅色K棒vs.黑色K棒

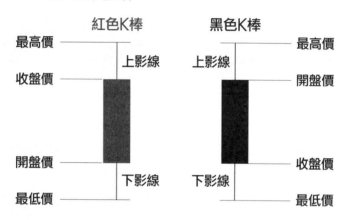

才是重要的，配合股價相對位置來分析，經常可以發揮奇效（詳見圖3）。

### ①長紅K棒

當低檔出現長紅K棒時，未來應偏多思考。但若是高檔出現長紅K棒的話，則可能買盤竭盡，應該高度警覺。

### ②長黑K棒

當低檔出現長黑K棒時，可能賣盤竭盡，未來也不要看太壞。而高檔出

### 圖3 當低檔出現長紅K棒時，未來應偏多思考
——聯發科（2454）日線圖

註：資料時間為 2022.10.07 ～ 2023.06.19
資料來源：XQ 全球贏家

現長黑 K 棒時，表示空頭趨勢將至。

### ③長上（下）影線

上（下）影線是買賣雙方對立的結果，當上（下）影線愈長時，表示對立的白熱化愈嚴重，行情可能隨時出現翻盤。長上（下）影線與長紅 K 棒、

長黑 K 棒都是我判斷行情的重要依據，大家看到這類 K 棒時一定要提高警覺，才能跟上漲勢，留住利潤，無往不利。

### ④跳空缺口

如果當日的開盤價和前一日的收盤價有明顯的價格差距，稱之為跳空缺口。缺口可以提供重要的參考價值，因為它可能表示市場呈現突破或反轉的信號。比如股價相對低檔，出現明顯的向上跳空缺口，則偏多看；反之，若股價在相對高檔，出現向下跳空缺口，則風險升高，應有所警覺。

由於 K 棒的分析存在太多組合與主觀判斷，反而容易失去判斷的準確性。我花了數年研究，回首已白頭，最後才發現，只要抓住關鍵 K 棒，再配合技術分析的指標，其實就能克服問題。如果你是新手就不要重蹈我的覆轍，只研究 K 棒，而是先掌握住關鍵 K 棒，待心有餘力再去研究所有 K 棒組合這個黑洞吧！

## 2.成交量

成交量是指在特定時間內交易的股票數量，通常用來衡量市場對於股票的活躍程度和買賣氣勢。成交量是股票分析中相當重要的一個指標，因為它能夠協助判斷市場趨勢的真實性和可持續性，並且有助於識別市場中的轉折點和趨勢線。

　　成交量與股價之間存在著密切的關係。當成交量增加時，通常意味著市場活躍度增加，更多的買家和賣家進入市場，這可能會推動股價上漲；當成交量下降時，則意味著市場活躍度減少，可能會導致股價下跌。

　　此外，成交量對於市場趨勢的判斷也是相當重要的。當市場處於上升趨勢時，成交量也應該隨之上升，因為隨著市場上漲，更多的交易者參與市場，因此成交量也會增加；當市場處於下降趨勢時，成交量也應該隨之下降，因為投資者情緒低迷，很少有交易者願意進入市場。

　　「價漲量增」是成交量的基本觀念，但並非全部。實戰上大家還需要知道以下 2 點：

### ①應以「淨」成交量為主

　　成交量含當沖量，實務判斷上應以「淨」成交量為主。不然把當沖量放大當作是成交量增加，根本是誤判，要格外注意。故若要提高對成交量的判斷，一定要再檢視籌碼是否也跟著變化，如此才能提高判斷的機率。

### ②低檔爆大量是重要轉折區間

　　低檔爆大量後經常是重要轉折區間，實戰上不可放過的好時機。之所以會爆大量是因為在短期大跌期間，投資人恐慌後受不了行為金融學中損失

厭惡的壓力,而無條件賣出股票。但短期賣出的大量股票能夠成交實為異常,因為這代表有人在同一時間大量買進,因此低檔爆大量常是偏多趨勢的相對低點(詳見圖4)。

通常出現個股低檔爆大量的情況時,我會使用「選擇權遠期買方策略」進行布局,因為輸不怕(頂多賠權利金),贏到怕(獲利無上限)是常有的事。

## 進階應用》運用6指標速判市場現況

了解完技術分析最重要的 2 大概念後,下面我會教大家如何善用均線指標、極光波段、MACD 指標、乖離率、價量累計圖、SAR 指標等技術指標迅速判斷市場狀況。

### 1.均線指標

均線是一種常見的指標,用於衡量股票價格在一段時間內的平均水平。簡單來說,均線就是將過去一段時間內的股票收盤價加總,然後除以這段時間的天數所得到的平均數值。

當股票的收盤價在均線之上時,可能意味著市場處於上漲趨勢中;相反,

### 圖4 低檔爆大量常是偏多趨勢的相對低點
──元大台灣50（0050）日線圖

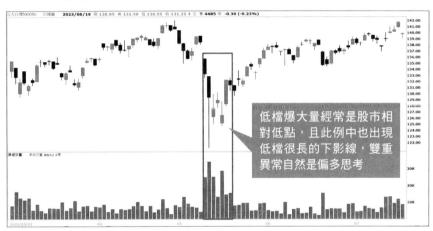

低檔爆大量經常是股市相對低點，且此例中也出現低檔很長的下影線，雙重異常自然是偏多思考

註：資料時間為 2022.08.09 ～ 2023.06.19
資料來源：XQ 全球贏家

當股票的收盤價在均線之下時，可能意味著市場處於下跌趨勢中。

　　一般市場上普遍用法是利用短期均線與長期均線交叉，作為多空趨勢的判斷，比如10日均線（10MA）與60日均線（60MA）的交叉向上時（黃金交叉），為偏多趨勢（詳見圖5）；反之，若交义向下時（死亡交叉），則為偏空趨勢。

看到這，聰明的大家有沒有想到，為何是 10MA 與 60MA 呢？11MA 不行嗎？40MA 不行嗎？為了找出答案，那就把每一條均線都拿來回測研究。

我從 2MA 一路測到 100MA，發現不同股票的最佳收益的均線是不同的，比如甲股票是 5MA 與 18MA 有最好的收益，而乙股票則是 18MA 與 62MA，而且不同時間週期，不同均線，也有不同收益！所以均線的用法，絕對不是如市場上所說的，隨便找幾條均線交叉來交叉去就能產生收益的。實務上，我很少使用均線，要用也是用 10 年線，或是下文要介紹的極光波段。

## 2.極光波段

經過不斷嘗試和實踐後，我終於找到了一種特別的均線運用方法。這個方法會同時使用多條均線，當這些均線糾結在一起時，就代表著股票的重要支撐或壓力區。不同的股票因為特性不同，它們的支撐和壓力區也各有千秋。

我從 5MA 開始，把它設定為第 1 條均線、6MA 設定為第 2 條、7MA 設定為第 3 條……，一直設定到 35MA 為止，共有 30 條均線。這些綠色的均線隨著股價的漲跌而變動，時而擴展，時而收縮，就像極光在天空

## 圖5 短期均線與長期均線黃金交叉為偏多趨勢
──元大MSCI金融（0055）日線圖

長、短均線黃金交叉後，股價上漲的機率也跟著上升

註：資料時間為 2021.01.18 ～ 2021.07.19

資料來源：XQ 全球贏家

中舞動一樣。因此，我把這個方法稱為「極光波段」。

使用「極光波段」有 3 大好處：

①能看出不同個股的成本支撐與壓力區間（詳見圖 6）。

②極光波段在糾結與發散時，比 2 條均線更容易判斷。

③不只個股適用，也適用大盤來判斷多空。

## 3.MACD指標

　　雖然「極光波段」在表達多空趨勢、支撐與壓力具有優異的表現，但不是每個看盤軟體都可以設定這麼多條均線的，為此，使用多數看盤軟體都有的 MACD 指標來判斷趨勢，也有很好的效果，不過少了支撐與壓力的判斷是其缺點。

　　MACD 指 標 即「 移 動 平 均 收 斂 與 擴 散 指 標（Moving Average Convergence Divergence）」，是由傑拉德‧阿佩爾（Gerald Appel）於 1960 年代創立的，用於量化股價趨勢的變化，並揭示市場的買賣力量。MACD 指標包括「快線（DIF）」、「慢線（DEA，也有人稱 MACD）」和「柱狀體（OSC）」3 個部分，一般使用方法在網路上就查得到且不難了解，我在這先說明實戰上的思維。

　　首先是趨勢的定義，除了走勢一波比一波更高或更低外，還有長、短週期的比較，比如對短週期而言，長週期就是趨勢，這就是為何用長、短均線的交叉來表達趨勢，因此 MACD 指標長短週期若一起使用，也具有同樣的效果。

　　我用週線的 MACD 指標配短日線的 MACD 指標，組成一起就有「奇效」，不但具有「趨勢判斷」的功能，也具有「進退信號」的效果。

## 圖6 股價站上極光波段後，易偏多漲一段
——元大高股息（0056）日線圖

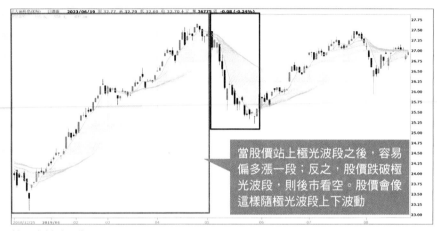

當股價站上極光波段之後，容易偏多漲一段；反之，股價跌破極光波段，則後市看空。股價會像這樣隨極光波段上下波動

註：資料時間為 2018.12.25 ～ 2019.08.27
資料來源：XQ 全家贏家

趨勢判斷部分，當週 MACD 的 OSC 在 0 軸之上，視為偏多趨勢，應偏多思考；反之，當週 MACD 的 OSC 在 0 軸之下，則視為偏空趨勢。交易要尊重趨勢，除非異常，如恐慌指數（VIX 指數）大幅變化、成交量爆大量、乖離率來到極端數值時，否則不應隨意違反趨勢方向。

舉例來說，當週 MACD 的 OSC 在 0 軸下，不應偏多交易，但若這時

候出現成交量爆大量的異常情況，此乃我眼中的天賜良機，往往是股價相
對低點，因此應偏多思考（詳見圖7）。此時我就會用期權買方策略，依
靠其「損失有限，獲利無限」的特性，賺取驚人的收益。

　　有了趨勢之後，接著就是進退信號，此時可以參考日 MACD 快線與慢
線的走勢，當出現向上黃金交叉時，可考慮進場；反之，當出現向下死亡
交叉時，則使用移動停利與分批出場。如此在趨勢與進退之間，就能找到
收益的節奏，而且只要使用一個指標就可判斷，是不是很簡單呢？

## 4.乖離率

　　乖離率可以用來判斷股價是否偏離其長期均衡價格，是一個判斷超買超
賣的重要指標之一，其公式為：

**乖離率＝（股價－移動平均線）÷移動平均線×100%**

　　當股價的乖離率高於一定程度時，代表股價已經偏離其長期均衡價格，
市場出現「超買現象」；相反地，當股價的乖離率低於一定程度時，代表
股價已經處於低位，市場出現「超賣現象」。

　　若將乖離率用在高低轉折上，勝率會高於一般指標。我偏愛用 35 日的

## 圖7 出現爆大量的情況，即使MACD趨勢偏空仍可做多
—— 加權指數日線圖

註：資料時間為 2020.12.22 ～ 2021.08.19

資料來源：XQ 全球贏家

乖離率，是因為要與極光波段最後一條 35MA 配合，並且我會在乖離率極大值與極小值區間各畫 1 條水平線，此為簡單的常態分布統計，當乖離率來到此區間時，行情易反轉。

好比圖 8 中，股價跌深後來到負乖離極大值區間，應偏多思考；而在股價漲了一大段之後，又來到正乖離的極大值區間時，則應察覺有修正的可

能，而啟動移動停利。只要股價跌破預期的停利點，就應分批出場，如此才能留下利潤而非遺憾。

乖離率除了可單獨使用之外，亦可搭配其他技術指標一同使用，例如籌碼中的融資維持率破 140% 以下，且負乖離率來到極大值時，反而是偏多的轉折點。

## 5.價量累計圖

在技術分析中，支撐和壓力是很重要的觀念。支撐是指當股價在下跌時，股價停止下跌的價格水平。當股價跌至支撐水平時，買盤開始進場，將導致股價上漲。支撐可以用於預測股價下跌的最低價格，也可以用於選擇進場買入的時機。

壓力則是指當股價在上漲時，股價停止上漲的價格水平。當股價達到壓力水平時，賣盤開始進場，將導致股價下跌。壓力可以用於預測股價上漲的最高價格，也可以用於選擇出場賣出的時機。

支撐和壓力都是基於股價與成交量的歷史資料來判斷，所以只能讓投資人了解股市的現況為何，對未來行情的預測也限定在機率的觀念，並非站上支撐就不會跌破，遇到壓力就一定衝不過，請大家務必保持彈性思維。

## 圖8 股價跌深＋負乖離極大值，應偏多思考
—— 加權指數日線圖

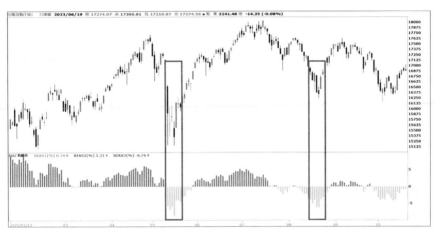

註：資料時間為 2021.01.13 ～ 2021.10.21
資料來源：XQ 全球贏家

　　除了前文提到極光波段的糾結區間，可視為支撐與壓力的判斷外，我也經常使用「價量累計圖」來判斷支撐與壓力。它是在特定價位累計一段時間的成交量，是以水平方式來呈現。深色橫條表示現價，長度愈長表示可能為支撐或壓力所在。

　　從圖9可以看到，目前（2023年3月24日）股價所在位置的價量

累計圖顏色比較深，其他則是過去對比右邊價格所累計的成交量情況。價量累計圖有長有短，較長的視為重要的壓力與支撐，然後再對比右邊的指數，就可以知道相對位置。比如加權指數站上較長的價量關係約 1 萬5,600 點位置，那此位置就是目前指數的重要支撐，未來在這支撐之上，都應偏多思考，直到有異常狀況發生。

此外，在使用價量累計圖時，要考量時間週期的長度，且必須包含近期的低點與高點。倘若當期就要考慮進場的話，一定把下方的週期放到最大，並且包含圖中的低點與高點，如此才能看到這段期間的支撐與壓力的情況。

若是進場後很順利，都沒有跌破預期的停損點而一路飆漲，可以再縮小時間週期，看到更久之前的價量累計圖的情況。根據技術分析的定律而言，週期愈長，穩定性與有效性愈高，且放大後的支撐與壓力的可信度愈高，所以對於長線策略而言，只要不跌破長週期的價量累計圖，都應該持有部位。

如果多數價位的價量累計圖長度都大於目前價位，則可視為未來上漲的壓力區間。對於這種上方壓力重重的股票，未來總是要面臨賣壓，大家又何必與錢過不去呢？所以我在實戰中都偏愛下方支撐區間較大、較長，而

## 圖9 最長橫條可視為重要支撐，在此之上都應偏多思考
——加權指數日線圖

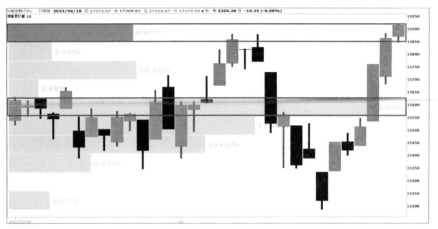

註：資料時間為 2023.02.08 ～ 2023.03.24

資料來源：XQ 全球贏家

上方壓力區間較小，較短的價量累計圖，實現下有撐、上無壓的道理，這樣賺起錢來比較有利。

　　價量累計圖除了用來看支撐和壓力之外，也可以用於設置停損和停利的價位。當股價下跌到支撐水平後，卻「未跌破」且再漲，此時應偏多思考；當股價上漲到壓力區間時，則可考慮進行停利，以此來控制報酬與風險。

## 6.SAR指標

　　SAR 指標（Stop and Reverse）是一種短期走勢的追蹤指標，它主要基於一個假設，即短期趨勢會在一段時間內保持不變，因此 SAR 指標的目的是找到趨勢的轉折點。

　　我主要是將 SAR 指標用於識別短期走勢的反轉點。當 SAR 指標在價格下方時，走勢視為短期上漲；當 SAR 指標在價格上方時，走勢則看跌。當短期走勢發生逆轉時，SAR 指標會在價格的相反方向形成新的點，所以大家會看到「點」跳上跳下的。

　　再者，由於 SAR 指標的精神在短期進退，所以我會再結合極光波段或是 MACD 指標等來使用。舉例來說，當 MACD 指標趨勢偏多且 SAR 指標有利時，投資人可偏多思考（詳見圖 10）；若股價上漲幅度有限，離成本很近，又遇到 SAR 指標反向時，則需進行停利的動作。少賺沒關係，但不要賠錢。

　　在本章中，我把多年技術分析的實戰經驗與大家分享，詳細探討了各種要素，包括趨勢判斷、關鍵 K 線、成交量、均線指標、極光波段、MACD 指標、乖離率、價量累計圖、SAR 指標等。透過這些技術指標，大家可以更深入地了解市場現況的動態。這裡再幫大家複習一下：

## 圖10 MACD趨勢偏多且K棒站上SAR時可偏多思考
──漢唐（2404）日線圖

註：資料時間為 2023.02.08 ～ 2023.03.24
資料來源：XQ 全球贏家

　　趨勢判斷是技術分析的基石，透過分析市場的多空力量，大家可以在市場中找到適合的買賣點。關鍵 K 線是用來判斷市場的轉折點，成交量則是衡量市場活躍程度的重要指標，通常與價格波動有著密切的關係。

　　均線指標有助於消除價格波動帶來的噪音，提供更清晰的市場趨勢。而極光波段是一種用於捕捉市場趨勢的技術分析工具，它可以幫助投資者判

斷市場是處於多、空趨勢行情。MACD 指標則是衡量價格趨勢強度的工具，並且可以找到買賣點。乖離率可以顯示股票價格與其均線之間的偏差程度，有助於找到市場的超買或超賣區域。價量累計圖是市場中的重要心理區域，當股票價格接近這些成交量密集區間時，市場的買賣力量通常會出現明顯的變化，影響股票價格的走勢。SAR 指標則是一種用於判斷進退轉折的指標，它可以幫助大家判斷適當的停利、停損點，以確保投資風險的控制。

綜合以上所述，技術分析絕對是研究市場走勢的重要工具，透過掌握各種技術指標，從而提高投資的成功率。然而，技術分析並非萬能，大家在應用技術分析時，需結合其他分析方法，如前面文章所表達的共振觀念，以便對市場有更全面的了解。

不過，即使看似明確的情況下，市場仍會出現意外的波動。因此，風險管理是必要的，適時分散標的、分散進退，設立合理的止損點，以確保在面對市場波動時，能夠及時調整投資策略，以保障資金安全。

# Chapter 4

# 有備無患的
# 風險管理

4-1

# 學會預防和應對危機
# 不怕黑天鵝、灰犀牛來襲

以前在投資時，我的眼裡只有錢錢錢、漲漲漲，賭大小，以這樣的投資理念為出發點，有時賺，有時賠，但就是離穩定很遙遠。後來想想這樣下去也不是辦法，開始下功夫後才發現，了解風險就能提高獲利的機率，於是「黑天鵝（black swan）」、「灰犀牛（gray rhino）」遂成了我的研究課題。

## 黑天鵝》難以預測，一旦發生影響巨大的事件

「黑天鵝」一詞來自於古代歐洲一個被認為不存在的物種。在歐洲，人們長期以來認為所有的天鵝都是白色的，因此白色天鵝被視為常態，但在17世紀荷蘭人登陸澳洲後，卻很驚奇地看到了黑色天鵝。這個發現震驚

了歐洲世界，並推翻了長期以來存在的信念。從此，「黑天鵝」就用來描述那些難以預測且影響劇烈的事件。

　　黑天鵝事件的發生是「不可避免的、不可預測的」，因此常被用來表達風險，意味著在未知和不確定的情況下，可能會發生的難以預測和極其罕見的事件。黑天鵝事件對投資會帶來重大的影響，我們需警惕並謹慎以對，但我們可以從過去的事件中學習、預防和應對風險，以減少其帶來的影響。唯有針對風險去分析，才能找到解決對策，因此我們首先要做的，就是了解黑天鵝事件的特質：

## 特質1》極度罕見

　　黑天鵝事件具有極度罕見的特性。這些事件在整個機率分布中出現的機會極低，其特性與常規預測完全不符，難以預測和量化，而也正因它們的罕見性顛覆原本的常識和預期，一旦發生將對金融市場產生巨大的衝擊。

　　舉個例子，2008 年的金融危機就是一個極度罕見的事件。多年來，金融市場一直在穩步增長，大多數人都認為這種趨勢將繼續下去，但是當2007 年美國房地產泡沫破裂，次級房貸崩盤時，整個金融系統便出現了崩潰的情況。此一事件的發生對全球經濟產生了深遠的影響，並引發了長期的金融危機。

### 特質2》難以預測

黑天鵝事件的最大特點是難以預測。這些事件在發生之前往往被認為是不可能或極不可能出現的，但卻在某個時刻突然爆發，為股市帶來深遠的影響。由於其獨特性和罕見性，人們往往無法通過歷史數據或傳統模型有效預測。

所以如果你聽到了「黑天鵝可能要發生」之類的說法，這在本質上其實是錯誤的，因為能預言的就不是黑天鵝。預言是為了滿足投資人「交易心理」偏誤的喜好，是造神用的，大家務必要有獨立思考的能力。

### 特質3》影響巨大

黑天鵝事件的另一個特點是影響巨大。這些事件對社會、經濟或政治領域產生顯著、深遠的影響，甚至可能改變金融市場的格局。如 2008 年金融危機、2020 年新冠肺炎（COVID-19）疫情、2022 年高通膨、2023 年美國矽谷銀行（Silicon Valley Bank）、瑞士信貸（Credit Suisse）的倒閉危機等，這些都屬於黑天鵝事件，對全球金融市場和人類生活產生重大影響。

不過黑天鵝事件發生時，苦的都是沒有做好風險管理的投資人，至於有在風險管理上下功夫的，自然能享受財富重新分配的喜悅。

## 特質4》投資人易產生後設認知

「後設認知」這個名詞不好懂，但因為很重要，可以用來辨別市場上的「雜訊」，建議大家耐著性子看一下。

「後設認知」是指人們「對自己的認知過程及其認知能力的思考和了解」。換句話說，後設認知就是「思考如何思考的過程」。一般有兩個方面要了解：

①**後設認知的「監控」**：指對自己的認知過程進行評估和監測的能力，比如判斷或評估自己對某個問題的理解程度。

②**後設認知的「調整」**：指根據自己的後設認知監控結果，對認知過程進行調整和改進的能力。

了解後設認知的觀念後就會發現，在黑天鵝事件發生之後，「專家」往往會對其進行後設認知，即於事後解釋該事件為何是可以預見的。這種事後解釋往往讓人認為黑天鵝事件是可以避免的，但實際上在事件發生前，這些解釋並不存在，人們是無法提前預測到這些事件的。

所以每當市場有較大行情波動時，許多新手總喜歡問為什麼，而專家在

「後設認知」的影響下也會開始進行分析，讓新手們對這些分析深信不疑，但其實真相並非如此！

## 灰犀牛》極有可能發生，且發生後影響巨大的事件

了解黑天鵝事件的特性後，還有另一隻危險的動物——灰犀牛。「灰犀牛」是一個金融和投資領域的術語，用來描述一個「明顯可見、極有可能發生」，並可能對經濟和金融市場產生巨大影響的風險事件。

之所以用「灰」是因為灰色代表了這些風險事件往往被忽視或低估。雖然這些風險事件可能已進入了人們的視野，但由於各種原因，例如認知偏差、集體無視等，人們往往未能給予足夠的重視。而犀牛作為一種野生動物，具有強壯的體格、厚實的皮膚和尖銳的角。當犀牛發起衝撞時，其威力和破壞性極大，因此在金融和投資領域，「灰犀牛」意味著一個強烈且具有潛在破壞性的風險事件。

灰犀牛與黑天鵝有所不同，黑天鵝是指極端罕見且難以預測的風險事件，而灰犀牛則是指明顯可見且極有可能發生的風險事件。在投資領域，對灰犀牛事件的識別和應對是非常重要的，因為這有助於投資者預防潛在的金融風險，保護自己的投資利益。

在金融市場上，灰犀牛事件具有以下幾個特質：

## 特質1》有做功課便能察覺

灰犀牛事件通常是顯而易見的，這意味著這些事件的潛在風險是可以被察覺的。與黑天鵝事件不同，灰犀牛事件不是完全意料之外的風險，因此投資者和決策者可以通過對市場、經濟及政治環境的觀察與分析來識別這些風險。

舉個例子，過去我曾經高機率的準確預測通膨、升息、俄烏戰爭、經濟數據、瑞士信貸等事件對市場的影響，其實並不是我有什麼神通，而是在事件「發生之前」能預期結果，單純就是比誰下得功夫深，這就是屬於灰犀牛明顯可見的性質。

## 特質2》有高機率且易重複發生

灰犀牛事件之所以具有「高機率發生」的特質，主要是因這些風險事件往往與一些根本性的市場問題、政策風險或經濟泡沫等因素密切相關，加上市場是由人所組成，而人性是有弱點的，所以本不該發生的事，就有可能會一直重複發生。以下是一些導致灰犀牛事件高機率發生的原因：

①**市場本身的結構性問題**：金融市場本身就存在一些問題，例如：政策

風險、市場監管不力、金融機構風險管理不善、過度槓桿、資產泡沫或信貸過度擴張等，這些問題在一段時間內積壓到一定程度，最終就引發了金融市場的灰犀牛事件。但在積壓的過程中是可以有所預期的，這也是只要肯下功夫研究就能賺到錢的原因。

②**全球經濟連動性強**：在全球化背景下，各國經濟和金融市場的連動性加強，意味著一個國家或地區的風險事件可能迅速蔓延至其他國家和地區，引發全球性的灰犀牛事件。所以實務上，短線投資沒有假期，只要地球另一邊的市場還在波動，就應高度關注可能產生的風險。另外，長期投資並不代表就可以佛系投資，只是關注的頻率可以相對較低罷了。天道酬勤，沒有長期躺著賺的事。

③**資訊不對稱**：金融市場中存在高度資訊不對稱的現象，導致市場投資人無法充分了解風險，而這也使得市場對潛在的灰犀牛事件反應不足，進而加大風險的發生機率。好比有人看量、有人看籌碼、有人就是主力，在反應上就不盡相同，而當「意外」發生時，總要有人背黑鍋不是嗎？

④**投資人欠缺心理素質**：市場參與者的過度樂觀、集體無視或過度信任等心理因素，可能使他們忽略了灰犀牛事件的潛在風險，這使得市場在面對這些風險時反應不足，加大風險的發生機率。就像 2021 年年底，加權

指數正處於 1 萬 8,000 點的相對高點位置，也是我停利漲多的部位，卻仍看到許多人搶著開戶，其實就是心理因素造成的灰犀牛事件，不用預測就能知道市場要下來了。

⑤**投資人過度專注短期利益：**投資人多半過度關注短期利益，而忽略了潛在的長期風險，這導致風險累積的過程中，未能採取相應的防範措施，進而增加灰犀牛事件的發生機率。所以我總是提醒大家「概率出發，避險永生」，有進場就要搭配適合的風險控管，尤其是行情在乖離率很大時更應小心為上。

## 特質3》經常被忽視

儘管灰犀牛事件具有明顯的可見性和高機率，但由於人類的認知偏差、過度樂觀或集體無視等心理因素，這些風險往往未能得到充分的重視，這也使得市場在面臨灰犀牛事件時，往往反應過慢或措施不足，從而加大了損失。正所謂人人都知道，但都當作沒看到，就是對灰犀牛最好的說明。

## 特質4》可防可控

與黑天鵝事件相比，灰犀牛事件具有一定的可防可控性，只要透過加強風險管理、提高資金儲備、調整投資組合和制定應急計畫等措施，就能降低灰犀牛事件帶來的潛在風險，而這也是風險管理最重要的核心思想。

# 提前擬定防範策略，可降低突發事件的衝擊

在金融市場中，投資人一定會遇到很多挑戰，尤其是黑天鵝事件和灰犀牛事件。黑天鵝事件的發生是無可避免的，而灰犀牛事件則是容易被人類天性所忽視（詳見表 1）。但我發現可以從過去的事件中學習預防和應對風險，並通過「風險管理」來提高損益承受波動的能力。在充滿不確定性的未來，投資人需要保持警覺和敏銳，採取靈活的應對策略，才能應對可能出現的黑天鵝、灰犀牛，從而減少風險對自身的影響，大幅提高獲利的穩定性。

要面對這些風險，投資者需要建立一套好的風險管理方法，包括分散投資、定期檢查投資組合、活用避險工具、保持足夠的資金等。像我就會經常使用期權策略報酬風險不對稱的特性，來應對黑天鵝事件，但因為黑天鵝事件無法預測，所以平常避險的成本要夠低，而一旦發生時又要能讓我獲得超額報酬，這性質就跟車子的超額保險類似。至於該怎麼做，後續章節會加以說明，大家先建立正確觀念最重要。

而面對灰犀牛事件，則要留意市場變化，保持冷靜，從過去的事件中學習，以做好事件再度發生的準備。同時，投資人也需要不斷提升個人金融知識和投資技巧，例如：技術分析、籌碼分析、總經分析、財務分析等，

表1 **相較黑天鵝，灰犀牛可防可控性較高**
——黑天鵝vs.灰犀牛

| 特性 | 黑天鵝 | 灰犀牛 |
|---|---|---|
| 可預測性 | 極難預測，意料之外的風險事件 | 相對容易預測，明顯可見的風險事件 |
| 發生機率 | 低機率，極端罕見的事件 | 高機率，相對常見的事件 |
| 影響力 | 巨大，對金融市場產生重大衝擊 | 相對小於黑天鵝，但對市場也有顯著影響 |
| 可防可控性 | 低，很難事先採取有效措施防範 | 高，可通過風險管理降低潛在風險 |
| 警示作用 | 通常發生後才引起重視 | 在事件發生之前就可以注意到 |
| 市場反應 | 常常在事件發生後才做出反應 | 在事件發生前就有所警覺 |
| 原因 | 多源於未知因素和隨機性 | 與市場結構、政策風險等因素相關 |

讓自己更充分地了解市場規律和風險。

　　我知道很辛苦，但這些能力具有複利效應，隨著大家的努力練習，將會為各位創造源源不絕的收益，而且有一技之長在身，人生選擇權在己，等到了這種境界再回頭來看，相信讀者就能了解我寫這本書的初心了。

# 4-2

# 5步驟評估風險
# 安度股海震盪

　　投資股市就像是買東西，我們都希望購買的東西非但不會減少價值，還會變得更值錢。但是，股市中充滿了風險，就像在玩猜猜看遊戲，有時候會猜對，有時候會猜錯。風險管理的目的就是幫助投資者找出股市中的風險，並採取適當的措施和策略以減少損失及風險產生的可能性。

　　例如，投資者可以通過分散投資組合，選擇風險較小的股票和行業，以及了解經濟週期是屬於「升息」或「降息」階段來控制風險，這樣可以讓投資者的資產在股市中保持穩定和增值，同時提高投資報酬率和效率。

　　投資股票時，評估風險是非常重要的，因為股市的波動性和不確定性可能會造成投資人損失。以下是個人在評估股票投資風險的幾個步驟：

## 步驟1》了解當前市場所處的經濟週期

經濟週期是指經濟活動在一定時期內的起伏和變化。經濟週期通常分為4個階段：擴張期、高峰期、收縮期和谷底期。在擴張期，經濟活動增長，產量增加，就業率提高，物價上漲，利率上升；在高峰期，經濟活動達到高峰，但開始出現一些緩慢的跡象；在收縮期，經濟活動下降，產量下降，就業率下降，物價下降，利率下降；在谷底期，經濟活動達到了谷底，但開始出現一些緩慢的跡象。

股價和經濟週期之間有很大的關聯性。在擴張期和高峰期，經濟活動增長，公司的收益和盈利可能會增加，也可能導致股票市場上的股價上漲。但是當經濟進入收縮期和谷底期，公司的收益和盈利可能會下降，也可能導致股票市場上的股價下跌；此外，央行還可能會降低利率和實施貨幣寬鬆政策，以刺激經濟活動，這可能會提高股票市場上的股價。所以我們不用成為經濟分析專家，但至少一定要了解現階段是處於「升息」或「降息」週期，而美國聯準會（Fed）的聯邦基金利率、美國消費者物價指數（CPI）年增率，美國（週）15年期房貸利率等指標，都是要觀察的對象。

升息期間，股市易下跌，再好的績優股往往也會受限於大環境因素，漲不動、跌不停，所以風險評估時，不可輕忽經濟的變化，尤其是升息與降

息週期。降息期間,加權指數易上漲,相關類股與個股自然也會隨之上漲(詳見圖1),選股的重要性相對低,人人都能獲利,差別只在賺多賺少。

若能了解股票市場所處的經濟趨勢和競爭環境,可以幫助大家理解潛在風險和未來收益的前景,算是整個風險評估中最重要的環節。

## 步驟2》評估股票的基本面是否合格

財報「滿江紅」的企業,股價不是不會漲,而是何時要爆雷不知道,因此評估股票的基本面是投資時非常重要的一個步驟。以「長期投資」而言,股票基本面的好壞會直接影響到股票的價值和潛在風險。以下是個人在評估基本面有無風險的幾個重點:

### ①營收年增率為正值且增加

若營收年增率為正值,表示公司還在成長;若營收年增率是負值,除非有特定理由,不然我是完全不會去買入的。

### ②每股盈餘(EPS)為正值且增加

若 EPS 為正值且成長,表示企業有在賺錢,且愈賺愈多,相對投資風險小,未來產生的收益也有高機率會更好;若 EPS 為負值則完全不考慮,就

## 圖1 市場利率與大盤走勢往往呈反向關係
### ——加權指數日線圖

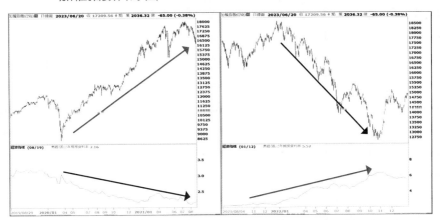

註：左圖資料時間為 2019.08.29 ～ 2021.08.20；右圖資料時間為 2021.08.04 ～
2023.01.17
資料來源：XQ 全球贏家

算是轉機股，也要真的看到 EPS 轉正再説。看似很簡單的道理，但多數股
民其實都不了解個人持股的 EPS 狀況，明明負值一堆，還是持續進行存股
的高風險行為。

### ③每股自由現金流為正值

每股自由現金流是公司現金流入和現金流出之間的差額，用來衡量企業

的現金流量,它計算企業所擁有的自由現金,這是企業在滿足日常營運所需支出後,可以用於投資、分配股息、償還債務等用途的現金。所以若是長期每股自由現金流為負值的企業,個人視為賭博而非投資。

當然還有很多藉由財務分析來評估投資風險的項目,但以上 3 項是最重要的。至於更詳細的財務分析內容,請參考 3-2。

## 步驟3》確認投資部位是否過度集中

將投資分散到不同的行業和地區(如美股),可以降低風險。這可以幫助投資人在特定行業或地區出現問題時減少損失(例如撰寫本書的當下,美國矽谷銀行(Silicon Valley Bank)正面臨倒閉的危機)。

我常用的例子就是同時投資台積電(2330)和中華電(2412),當市場偏多格局時,台積電的收益可能會大於中華電不少;但當市場偏空格局時,資金流入中華電的比重則會放大,進而減少整體部位的損失。

大家也許會想,投資資金應該要集中才對,如股神巴菲特(Warren Buffett)說的,雞蛋要集中在同一個籃子,然後好好照顧。但是大家可能不知道,巴菲特曾買過 500 多種股票以上,而真正產生收益的不過

1/10。而且在投資心理學中，投資人無法堅持下去的原因，並不是賺太少，而是賠太多，更何況一般人無法跟巴菲特一樣，部位損失 50% 以上還能穩如泰山。

所以透過分散投資「不同產業的股票」，降低損益變化的標準差，是我能一路持續獲得穩定收益的核心，因為分散可以有效降低單一商品的風險，是投資上獲利的定律，若真的要「突破」這定律，也要是在產生收益之後，再拿收益來進行額外的風險投資，千萬不可逆天而行。

## 步驟4》使用技術分析工具判斷大盤走勢

使用技術分析工具評估股票的價格走勢、波動性和趨勢等，這可以幫助投資者制定投資策略和應對風險（詳見 3-4）。一般我常用的評估方式有以下方法：

### ①確認多空趨勢現況

趨勢指的是股票價格在一段時間內的走勢方向。如果價格呈現上漲趨勢，稱為多頭趨勢；反之，稱為空頭趨勢；如果股票價格在一段時間內波動不定，則稱為區間盤整。我是利用「極光波段」來定義趨勢的，當股價站上極光波段的糾結區間，視為偏多趨勢，只做多；當股價跌破極光波段

的糾結區間，可以停利或只轉為空方操作。如此操作，若趨勢真的形成，自有該趨勢應有的收益。

## ②判斷正負乖離是否過大

漲多就是最大的利空，跌深就是最好的利多。但漲多是多少？跌深又是指多少？我一般是用乖離率來量化。

乖離率是指價格與其移動平均線價格之間的百分比差距，可以幫助投資人評估股票的超買和超賣狀態，以及預測股票可能的「反轉情況」。因此股價上漲，到底能不能買，常跟乖離率有關係。

若正乖離來到「少見的極大值區間」，此時視為高風險的投資行為；反之，若負乖離來到「少見的極小值區間」，此時隨意賣出股票，事後會發現股票反而容易出現反彈。當乖離率在極值區間時，經常伴隨「爆大量」與「窒息量（指成交量只有近期最大成交量的 1/10）」，投資人可以多元驗證確認。

## ③觀察支撐和壓力水平

觀察「價量累計圖」的支撐和壓力。股價站上較長的價量關係，視為支撐，應偏多思考。若股價還未突破較長的價量關係，也就是壓力未轉換成

支撐，且沒有「異常情況」，例如爆大量或乖離率來到極值區間等情況，若冒然搶進，屬於高風險的行為，投資人應避免。

## 步驟5》以風險係數降低資產波動度

風險係數均可用於評估投資的風險狀況和績效，但不是每一種都能應用於實戰中，有些風險係數聽起來很有道理，但我用起來就跟卡到陰差不多，因此下文將以「獲利」為出發點，列舉個人常用的風險係數：

### ①標準差

標準差是投資收益的波動程度，用於衡量資產或投資組合的總體風險。標準差愈高，表示投資收益的波動愈大，風險愈高。當這種情況發生時，可能你的投資標的或組合的價格波動過大，若你能承受，自然有較高的報酬；若不能承受波動，則應選擇歷史價格走勢比較平緩的標的或策略。

千萬要記得，能穩定獲利後，才有收益後產生的「膽量」，去押注高報酬的商品。若直接從高標準差的角度先切入，往往都沒有好下場的。

至於標準差應該多少，因人而異，因為就算有正確的數據，也不一定適合你的投資屬性。比如 9 號半的鞋子，不一定適合所有人，所以觀察商品

過去的走勢幅度，了解損益的變化，覺得波動大、心理壓力大，就尋找波動較小的標的，一段時間後就很有感覺了。

　　舉例來說，就富邦證券的資訊來看，台積電的標準差高達 2.1%，你覺得適合投資嗎？如果不了解標準差 2.1% 是什麼意思，可以打開 K 線圖來看。假若在台積電 600 元時買進，之後一路抱回 370 元，再等股價重返 600 元，一般人是受不了這種損益變化的（詳見圖 2）。相比中華電的標準差才 0.9%，可能更適合多數人，或者你也可以先將資金投入中華電，等中華電產生收益後，再去投資台積電。用收益去拼搏更多獲利，你就能體會穩定與高報酬是可以共存的。

## ②資產相關性

　　資產之間的相關性顯示了它們的收益變化程度，可用相關係數來衡量。一般來說，相關係數的數值在「-1（完全負相關）」和「1（完全正相關）」之間。

　　將相關性較低的資產放入投資組合中可以降低整體風險。所以為何要做資產配置？其實就是利用不同資產的相關性，來降低收益的標準差。好比台積電與中華電的相關性就比台積電與聯電（2303）低很多，要我二選一的話，低相關性的台積電與中華電是比較好的，一來收益不會比較少，

## 圖2 台積電的標準差達2.1%，股價波動大
——台積電（2330）日線圖

台積電(2330) 日線圖 **2023/06/20** 開 579.00 高 585.00 低 579.00 收 **583.00 s** 元 量 **16161** 漲 0.00 (0.00%)

註：資料時間為 2022.03.01 ～ 2023.06.20
資料來源：XQ 全球贏家

二來一定比較穩。

　　相關性的比較，雖然也有公式可以統計，但你可能要先學會統計學，所以我一般都把股價走勢圖疊在一起比較，若走勢相異，就是相關性低（詳見圖3）；若走勢接近，表示相關性接近。這點在進行資產配置時要留意，否則會以為自己有做資產配置，但其實都是一樣屬性的商品。

此外，據我觀察，不同商品的相關性若較低，其標準差也會有較大的差異。例如之前提到台積電與中華電在標準差的差異，也間接彰顯彼此的低相關性。

## ③貝他係數（Beta）

貝他係數是金融市場中用來衡量一個資產（例如股票或投資組合）相對於市場整體波動性的指標。換句話說，貝他係數可以幫助投資者了解資產的風險相對於市場基準的高低。貝他係數的計算通常基於資產收益與市場指數收益之間的相關性，其主要特點如下：

◎**貝他係數大於 1**：資產的波動性高於市場整體波動性，表示該資產具有較高的風險。在市場上漲時，高貝他係數的資產可能帶來更高的收益；然而，在市場下跌時，其潛在損失也可能更大。

◎**貝他係數為 1**：資產的波動性與市場整體波動性相同，即資產的風險與市場風險相當。

◎**貝他係數小於 1**：資產的波動性低於市場整體波動性，表示該資產具有較低的風險。在市場下跌時，低貝他係數的資產可能表現較為穩定，損失可能較小；然而，在市場上漲時，其收益也可能相對較低。

### 圖3 台積電和中華電股價走勢相異，表示相關性低
——台積電（2330）、中華電（2412）日線圖

註：資料時間為 2021.11.01 ～ 2023.06.20
資料來源：XQ 全球贏家

　　因此，市場趨勢為何重要？因為台股 1,700 多檔股票中，有 95% 以上與加權指數（即大盤）高度相關，也就是貝他係數都大於 0，只是差在數值大小罷了。

　　當總經環境偏多，有利加權指數上漲時，我個人會選擇貝他係數大於 1 以上的。反之，當空頭來臨時，我會把一些貝他係數大於 1 的標的獲利了

結，留下低貝他係數的標的。像是 2021 年年底，因為預期 2022 年總經條件不佳，所以我把部位持股降低，事後證明，停利在加權指數相對高檔的 1 萬 8,000 點區間是正確的決策，這也是為什麼我說交易策略要多元共振，才能適合投資這個複雜系統。

至於那些貝他係數為負值的，多半是沒量、沒體質的「幽靈」股，就不去討論了。

總結以上觀念，評估風險和考慮風險係數對投資者來說至關重要。所以我們必須了解經濟環境、利率趨勢、市場指數趨勢、支撐與壓力等因素，並根據自己的投資目標和風險承受能力來選擇合適的風險指標，例如個股標準差和風險係數。

同時，不能僅依賴單一指標來評估投資風險，需要綜合多個指標。在制定投資策略時，這樣做將有助於做出明智的投資決策。雖然一開始可能進展緩慢，但在不斷學習和實踐的過程中，你的投資能力將不斷提高。記住，簡單的結果是付出努力和時間所得來的。

4-3

# 追蹤VIX指數趨吉避凶
## 短期波動不心慌

金融市場中的「波動性」一直是投資者關注的焦點，因為它可以影響資產價格和投資組合的績效。在這種背景下，芝加哥選擇權交易所（CBOE）於 1993 年創立了「恐慌指數（VIX 指數）」，旨在衡量市場對未來 30 天美國標普 500（S&P 500）指數波動性的預期。

作為一個衍生性金融商品市場指標，VIX 指數被廣泛認為是衡量市場恐慌和風險情緒的重要工具。若要吃投資這行飯，追蹤 VIX 指數的時間要比花在社群上更長！不過我自己不喜歡用恐慌指數的說法，而是用 VIX 指數。因為市場在恐慌時才有財富重新分配的機會，是開心的事，何必恐慌呢？

至於該如何追蹤 VIX 指數？方法很簡單，只需要用搜尋引擎 Google 搜

尋「^VIX」，就能找到 VIX 指數走勢圖（詳見圖 1）。我個人習慣觀察 VIX 指數 1 日和 5 日變化量，若發現 VIX 指數逐步升高，代表股市有危險；若 VIX 指數逐步降低，代表股市風險逐步解除。

只要你有定期在關注 VIX 指數，很容易就會察覺它的變化，進而提早進場布局，收益自然是滿滿。所以想領先大多數投資人很簡單，只要把這個頁面當成首頁，連續性天天追蹤，自有所成。

## 作為市場情緒的晴雨表，用以察覺短期異常

VIX 指數的重要性在於它可以作為市場恐慌的晴雨表，並提供有關市場波動性的寶貴訊息。不過在時間週期上，從幾分鐘到幾天不等。要注意的是，VIX 指數並非用來量化趨勢，而是察覺是否有「短期異常」，這是與一般分析不同的地方。

一般我會用以下的說法，讓大家了解 VIX 指數與趨勢的關係：

「一位好好先生，多數時間脾氣都維持正常，此為偏多趨勢；一位壞壞先生，多數時間火氣都大到不行，此為偏空趨勢。當好好先生生氣時，VIX 指數大幅升高，偏多趨勢可能短期會大跌；當壞壞先生高興時，VIX

## 圖1 用Google就可以輕鬆找到VIX指數走勢圖
——VIX指數走勢圖

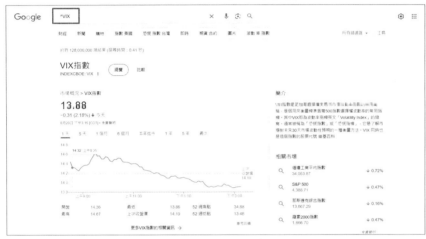

註：資料時間為 2023.06.20 　　資料來源：Google

指數大幅下降，偏空趨勢可能會短期大漲。長線交易重視趨勢，但不可輕忽 VIX 指數的變化，輕忽的結果就是虧損；短線交易重視 VIX 指數，但不可輕忽趨勢帶來的影響，所以要見好就收，以免夜長夢多。」

因此，透過 VIX 指數了解市場短期的波動，制定相應的風險對略，在我的多元交易中是占極大的權重。

　　好比説，在緊張的市場環境下，VIX 指數往往會上升，反映出市場對風險的擔憂加劇（詳見圖 2）。此時我會加入或放大避險部位，例如滿手的台積電（2330）。但是當 VIX 指數升高時，總不能看到股價大跌卻只能在旁邊乾看著吧？故此時可以加入台積電的放空股票期貨，進行避險。

　　而當市場環境較為寧靜時，VIX 指數則往往會下降，因此投資人可待風險擔憂緩解後，再解除放空的部位，回歸趨勢交易，如此一來就能憑實力控制損失，不用再忍受市場波動帶來的恐慌心理。

　　由於 VIX 指數是依選擇權的波動率指數而來（若是不懂選擇權的話，可以參考《散戶贏家林昇：實戰上萬次的選擇權獲利 16 招》一書），所以 VIX 指數的變化經常有領先股票市場的情況，以此作為觀察指標，投資人就能略微預判股市的方向，不只能趨吉避凶，還能領先市場，可以説是評估風險中最重要的一環。

## 知易行難，從實戰中領悟20心法

　　當 VIX 指數上升到一定程度時，表示市場情緒非常悲觀，市場普遍感到恐慌和焦慮，可能會賣出股票或其他資產，從而引發市場下跌；反之，當 VIX 指數下降到一定程度時，表示市場情緒轉好，投資者普遍感到樂觀，

## 圖2 市場緊張時，VIX指數會上升
——VIX指數走勢圖

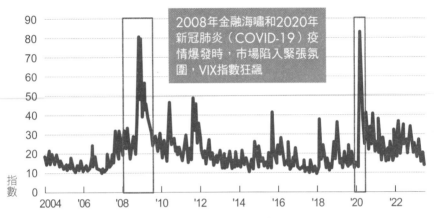

> 2008年金融海嘯和2020年新冠肺炎（COVID-19）疫情爆發時，市場陷入緊張氛圍，VIX指數狂飆

註：資料時間為 2004.01.01 ~ 2023.06.20
資料來源：財經 M 平方

可能會購買股票或其他資產，從而推動市場上漲。

　　但問題是「知道很多大道理，但為何過不好這一生？」這多半是交易信念的問題！知道 VIX 指數很重要，但光憑上文幾句話就要變成交易本能，其實還有段距離，因此我把統計 11 年的資料與實戰心法整理如下，期許大家不僅是知道，還能做到（後面沒統計是因已找出一致性的變化）。

## 心法1》

VIX 指數與股票市場呈現負相關，但相關性是會變動的，當 VIX 指數上升時，股票市場的收益率下降。此外，VIX 指數還對股票市場波動性具有預測功能，具有一定的前瞻性。

## 心法2》

交易基金時，可以透過觀察 VIX 指數的變化來調整投資策略，降低市場風險。具體而言，當 VIX 指數較低時，投資基金應增加風險資產的配置，以追求更高的收益；當 VIX 指數較高時，投資基金應減少風險資產配置，以降低風險。

## 心法3》

VIX 指數除了與美股市場有關以外，其與美國公債市場、商品市場等資產價格的波動也具有一定的相關性，且在預測市場短期波動性和長期股票報酬方面都具有一定的能力。

## 心法4》

投資人在 VIX 指數較高時，應採取保守的投資策略，將資金配置到避險資產中；而在 VIX 指數較低時，可將資金配置到風險資產中，以追求更高的收益。

## 心法5》

在 VIX 指數較低時，我個人會增加股票、高收益債等風險資產的配置；而在 VIX 指數較高時，就會減少風險資產，轉向避險資產如國債、黃金、日圓等。說到日圓，又令我想起美國前總統川普（Donald Trump）當選當天，日圓上沖下洗，讓我收益滿滿的一日，感謝 VIX 指數提早預期市場風險，而日圓則提供了避險功能。

## 心法6》

VIX 指數若結合其他宏觀經濟指標，可以有效制定出合適的資產組合，以實現風險控制與收益最大化。比方說升息與降息的期間對市場的影響究竟為何，從 VIX 指數的變化是可以略知一二的。

## 心法7》

應密切關注 VIX 指數的變化，以便即時調整投資策略。我會透過手機時時追蹤 VIX 指數的振幅，當達到 10% 以上時就會立即回報。為何是 10%？後續會統計說明。

## 心法8》

VIX 指數對未來股票市場波動性具有較強的預測能力，這也是我領先市場的主因之一。所謂看價格變化是新手，看籌碼是老手，看波動率是高手。

## 心法9》

市場由人性組成，而 VIX 指數可以反映市場情緒的變化。所謂「別人貪婪我恐懼，別人恐懼我貪婪」，想抓準時機，其實就是觀察 VIX 指數變化。

## 心法10》

VIX 指數的上升會增加避險需求。所以常會發現，期權的偏空部位會放大，反向 ETF、槓桿 ETF 等避險商品，成交量會異常變化。

## 心法11》

基於 VIX 指數的期貨交易策略和基於 VIX 指數的選擇權交易策略等，往往比看價格或籌碼的有效性更高，故應將之視為重要的判斷因素。如果身邊好朋友還在賭大小，送他這本書吧！

## 心法12》

VIX 指數的有效性，我經過 N 種預測模型的檢測，比如 VAR 模型和 GARCH 模型、貝葉斯模型等，幾乎可說是交易定律了。你可以不相信，但又何必與統計過不去呢？

## 心法13》

VIX 指數和股票市場之間屬非線性關係，結果顯示這種關係會隨著時間

而變化。但這也是金融市場複雜的地方，沒有一定，只有變動，但變動中又有其規律，所以千萬不要死腦筋或金魚腦。

## 心法14》

VIX 指數的波動會對選擇權的權利金產生顯著影響，而且是多、空一起影響，這是很多做選擇權的投資人的要害所在，以為做對方向就會賺錢，其實 VIX 指數一波動，方向的影響反而是比較不重要的。

## 心法15》

VIX 指數在長期和短期上的相關性存在差異。我多會用於判斷短期風險，至於長期則由總體經濟、企業財報為主，再輔以 VIX 指數的位置當參考。

## 心法16》

VIX 指數和股票市場波動性間的非對稱關係，當市場低迷或高漲時，VIX 指數的變化會更敏感。這很好理解，火上加油，火變成燄；雪上加霜，就是 BEC（Bose-Einstein Condensate，玻色 - 愛因斯坦冷凝態，是玻色子原子冷卻到接近絕對零度所呈現出的一種氣態的、超流性的物質狀態）。

## 心法17》

VIX 指數對跨國股票市場具有傳染效應，所以不要以為 VIX 指數的影響

只有美國或台灣，甚至對越南股市也會有所影響。

## 心法18》

VIX 指數對市場風險具有很好的解釋能力。別忘了，新聞都是出事後才發表的，對於行情「根本是落後資訊」。想要了解市場情緒要看新聞，才知道大眾在想什麼。不過那是聊天用的，若想賺錢，則要追蹤 VIX 指數變化，然後多看少說。

## 心法19》

VIX 指數對市場流動性具有一定的影響，也就是成交量會放大，新手小白可能會以為看到技術分析中「價漲量增」的好機會，其實這是要崩盤了。

## 心法20》

VIX 指數對不同類別的股票有不同影響。主要影響較高貝他係數（Beta）的股票，也就是與加權指數走勢高度相關的股票，至於一些低貝他係數的股票，相對影響較小。

寫了這麼多有關 VIX 指數與行情的相關性，相信大家應該能產生交易的信念，期許這些實戰心法，有助於大家全面地了解 VIX 指數在金融市場中的作用，並且作為參考和指引。

# 用常態分布測變化量，操作更得心應手

相信大家對於 VIX 指數的重要性已經充分了解，但是有信念之外，還要有實作。唯有知道 VIX 指數的變化量到底是多少，才能比較明確察覺風險的到來。至於要如何知道 VIX 指數的變化量？這就要利用常態分布的統計技巧了。

現實生活中，有許多現象和數據皆呈現常態分布，例如人類的身高、智商、測量誤差等，由於其廣泛的應用性與方便性，常態分布在統計學和各種科學領域中都具有重要地位。常態分布又稱「高斯分布」，一般具有以下幾個特點：

## 1.對稱特性

常態分布是關於其均值對稱的。換句話說，分布的左半部分與右半部分是鏡像對稱的。但在實戰上，VIX 指數的常態分布是不對稱的（詳見圖3），而是大量偏向升高的區間，也就是市場大跌的情況高於市場大漲的情況。

## 2.高峰特性

常態分布具有一個明顯的峰值，即其機率密度函數的最大值，位於分布的均值處。這就是股市行情正常波動時，VIX 指數最常見的位置。因此可

以解讀為：VIX 指數在這個區間時，行情依著本來的趨勢上漲或下跌；但當 VIX 指數脫離這個區間時，那就是異常發生了，不是大漲就是大跌的機率瞬間提高。

## 3.極值特性

在常態分布中的兩邊，視為極端值，通常與極端事件的發生有關，例如金融市場的崩盤、自然災害、戰爭、恐怖攻擊等，這些事件可能被視為極端值，當 VIX 指數來到極端值區間時，事情都很大條。因此交易時，要特別注意極端值的變化。

當 VIX 指數出現高峰特性時，屬於有效市場區間，此時請以趨勢分析為主；當 VIX 指數出現極值特性時，屬於無效市場區間，此時別問為什麼，先賺錢再說。至於為什麼會這樣？新聞會報，它比你還急，你不用急。

上述是一般常態的情況，但真實情況是怎麼樣呢？經過我多年統計，可以得到 VIX 指數波動率的常態分布圖（詳見圖 4）。根據 VIX 指數的常態分布圖，可以用來判斷有效市場轉換到無效市場的時機。

當 VIX 指數 1 日波動率「10%」以上時，會從中間的高峰區間進入極值區間，若從 3% 上漲到 10% 以上，市場往往大跌；反之，若從「前期資料」

### 圖3 常態分布具有對稱、高峰和極值3種特性
——一般常態分布圖

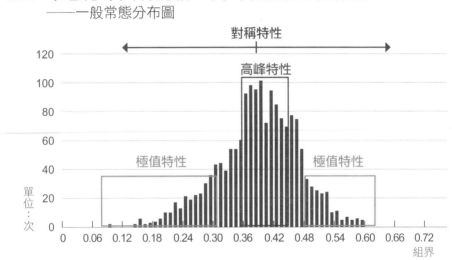

的 10% 降回 -4%，則市場往往會反彈。

　總體而言，VIX 指數是股市波動性的一個重要指標，通常被稱為「恐慌指數」。當 VIX 指數一日的波動率上漲到 10% 時，表示市場波動性放大，走勢不確定性大幅增加，應在之前避險或減少部位，等待股市的下跌；相反，當 VIX 指數下跌時，表示市場波動性減少，市場走勢感到較為穩定，應放大偏多部位，等待股市的上漲或反彈。

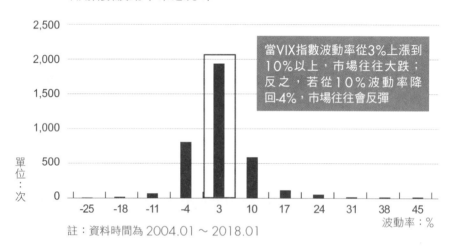

圖4 **VIX指數波動率以3%為高峰值**
──VIX指數波動率常態分布

> 當VIX指數波動率從3%上漲到10%以上,市場往往大跌;反之,若從10%波動率降回-4%,市場往往會反彈

單位:次

註:資料時間為 2004.01 ～ 2018.01

波動率:%

　　然而,我要提醒的是,VIX 指數與股市短期的負相關比較明顯。因此,對於長期投資者而言,VIX 指數的波動通常不應該成為投資決策的主要考慮因素,而是用來判別風險的方法,以此調整風險控管的比例,至於長期投資的核心,還是在關注公司基本面和宏觀經濟環境等長期因素,千萬不要搞錯因果邏輯。

4-4

# 做好資金管理
# 在風險與收益間找到平衡

在現今快速變化的資本市場裡，投資是讓財富增長的主要方法。但因市場上的風險和收益常常難以預測，故做好資金管理對投資人來說非常重要。另外，根據我在市場上多年的經驗，賺錢的祕訣之一就是資金管理。我常說：「只要投資目標不太差，單靠資金管理，長期下來大部分都能獲得不錯的收益。」反過來，再好的投資標的，如果資金管理錯誤，也會賠錢。就像護國神山台積電（2330）的股價從 2022 年 1 月的 600 多元，跌到 10 月的 400 元之下，有很多投資人都被套牢。其實標的本身沒問題，問題在於錯誤的資金管理。

那我們究竟該怎麼做呢？下面我會從實際經驗出發，深入探討資金管理如何幫助投資人在風險和收益之間找到平衡。例如我會討論凱利公式、幾

何拖曳（Geometric drag）等概念，再帶到定期定額、單筆投入、移動停利、停損設定等策略。同時，我也會分享個人的操作經驗，希望可以幫助大家更有效地管理投資資金，降低風險，提高收益。不管你是個人投資人還是專業操盤手，掌握好的資金管理技巧，對於避免風險、獲得收益都非常重要。

## 須知4管理概念，避免貪念誤人

資金管理原則是指投資人在進行金融交易時，如何合理分配和運用自己資金的信念，以此實現降低風險、提高收益並保障資金安全的目標。主要包括以下幾個方面的概念：

### 概念1》資金多元分配

資金多元分配就是把投資金額合理地分散到不同的投資目標或組合裡。透過多樣化投資，可以減少單一股票的風險，讓整個投資組合的收益更穩定（詳見延伸學習）。

舉例來說，如果資金有限，只能買一家公司的 1 張股票（即 1,000 股）。但由於只買 1 張股票，風險會太高，如果能把資金分成兩部分，分別買兩家波動關聯性低，但股價相近的公司的股票，每家公司各買 500 股，這

---

**延伸學習　資金多元分配的執行重點**

①將資金投資於不同類型的資產，減少單一資產波動所帶來的影響，降低整體投資組合的風險。

②使投資組合中各資產的表現互相抵消，有助於維持收益穩定，避免因單一資產的波動而造成大幅損失。

③可讓投資人探索不同市場及行業，提高捕捉各種投資機會的機率。

④有助於減少投資人受到單一資產波動的情緒影響，更能保持理性決策。

⑤做好分配使投資組合能夠靈活應對經濟及市場的變化，降低受到不利影響的可能性。

⑥根據個人風險承受能力和投資目標，有效配置資金，實現理想投資組合。

---

樣就能有效地降低風險。同時，收益也不會變差，反而可能變得更好。不過，最重要的不是收益，而是損益的穩定性提高，這是在股市中能夠生存下來最重要的第一步。

## 概念2》絕對損益金額的評估

獲利的其中一個要訣是「自己的損益承受能力要人於市場波動」。我們無法改變市場的波動，因為這是人性所致。然而，若市場波動保持不變，

此時股價高低對損益金額的影響會有很大差異（詳見延伸學習）。

　　例如，股價600元和60元的股票，同樣下跌3%，一個損失1萬8,000元，另一個損失1,800元。由於大部分人無法承受一天虧損1萬8,000元（因為它可能超過了1天工作的收入），故容易在不該止損的地方做出不理智的決策。然而，從歷史數據來看，市場波動在25%以上是正常現象，因此，在投資之前，投資人應該確定標的金額和商品槓桿是否適合自己，不要勉強自己承受過大的風險，否則就會像在腸胃不好的時候吃麻辣鍋一樣，何必自討苦吃呢？

　　想起之前某天半夜有位朋友來電，問我夜盤（註1）大跌該怎麼辦？我心想應是跌很多，情況很糟糕，結果一問之下才發現，夜盤只跌了不到30點。這就說明了這位朋友的投資槓桿開太大，心情容易受到市場起伏影響，這時不管再怎麼有效的投資方法，對失去理智的他來說，都很難正確執行。

## 概念3》凱利公式

　　凱利公式由約翰·凱利（John Kelly）於1956年提出，是一種資金管理概念，可幫助投資人找出最合適的投資比率，以達到長期資本增值，其公式如下：

延伸學習 絕對損益金額評估的執行重點

①投資人應確定可承受的損失上限，有助於控制風險並保護資金安全。

②有助於投資人在市場波動時保持冷靜，避免受到貪婪或恐慌情緒的影響，做出更理性的投資決策。

③能更清楚地認識自己的風險承受能力，有助於選擇適合自己的投資組合。

④有助於投資人根據可承受的損失範圍，適當分配資金至不同類型的資產。

⑤能更有效地調整投資策略，維持損益平衡，有助實現長期投資目標。

$$f=(bp-q)÷b$$

其中 f 為最佳投資比率，b 為賠率（不含本金），p 為獲利機率，q 為虧損機率，且 p＋q＝1。

凱利公式的主要概念是在每次投資時，依據可能的收益和損失機率來合

---

註 1：夜盤指台指期的盤後交易，時間為下午 3 點到次日凌晨 5 點。

理分配資金，以期望資本長期成長。雖然在實際操作中，收益和損失機率很抽象且難以精確計算，但並不影響凱利公式的投資精神，即在有信心的情況下投入較大金額，在沒有把握時降低投資比率，並且在加碼與減碼之間不斷尋求平衡。以下我將舉例說明，大家應該會比較清楚。

假設投資人投資的股票，擁有以下特點：
賠率（b）：2 倍，即投資成功時，收益為投資金額的 2 倍。
獲利機率（p）：60%，即投資成功的機率為 60%。
虧損機率（q）：40%，即投資失敗的機率為 40%。

根據凱利公式計算：

$$f=（bp-q）÷b=（2×60\%-40\%）÷2=40\%$$

此時，投資人應將 40% 的資金投資於該股票。這意味著，如果投資者的資金總額為 1 萬元，則應將 4,000 元用於購買該股票。這樣的投資策略能夠幫助投資者在風險和收益之間取得平衡，實現長期資本增長。

要特別留意的是，若投資資金大於 40% 以上，則長期資本是減少的，除非進場前可以肯定百分百的勝率，否則 ALL in 所有資金，最終恐將導致破產，損失慘重。

**延伸學習 凱利公式的執行重點**

①頻繁交易會增加手續費和交易稅，影響投資報酬。

②保持耐心，對標的進行充分研究和分析，有助於提高投資決策的質量和成功率。

③頻繁更換標的容易受到市場噪音的影響，導致情緒波動和非理性決策。

不過，凱利公式雖然可以給投資人參考，但市場的隨機性變化不斷，今天勝率 60%，不代表永遠都會是 60%，所以投資人仍要對標的有一定程度的盤感，雖然這種盤感很難用明確的數字舉例向大家說明，但可以通過一個方法來練習，那就是「不要隨意更換投資標的」（詳見延伸學習）。

雖然台股有 1,700 多檔股票，但真正適合投資的只有 100 多檔。選擇幾檔基本面表現良好的股票，持續觀察其漲跌走勢，並用最小投入單位，如 1 股去試單，慢慢就能掌握機率節奏。

切記，市場上每天都有很多看似「飆股」的報導，但要想想，這些報導之所以出現，背後的原因是什麼？有可能是為了吸睛、打廣告等。所以不

要盲目追求滿天的金條，專注於有潛力的標的才是正解。

### 概念4》幾何拖曳

幾何拖曳是一個與投資收益率的波動有關的概念。它表示在投資組合的價值波動過程中，投資組合的平均收益率會受到波動幅度的影響而下降。簡單來說，當投資組合的價值波動較大時，實際收益率可能低於投資人期望的收益率。以下我用實際的例子來說明幾何拖曳的概念：

假設小林有一個投資組合，第 1 年收益率為＋ 50%，第 2 年收益率為 -40%。請問平均收益率是多少？

有人可能會認為該投資組合的平均收益率為＋ 5%（＝（＋ 50% － 40%）÷ 2）。然而，這種簡單計算平均的方式忽略了幾何拖曳的影響。為了計算實際長期收益，我們還需要考慮投資組合價值的變化。

**情況 1》假設小林最初投資了 1 萬元，則：**
第 1 年，投資組合價值增加到 1 萬 5,000 元（＝ 1 萬元 ×（1 ＋ 50%））。
第 2 年，投資組合價值降至 9,000 元（＝ 1 萬 5,000 元 ×（1 － 40%））。

　　根據這個計算，小林的實際長期收益率為 -10%（=（9,000 元－1 萬元）÷1 萬元），而不是之前計算的＋5%。這裡的「收益率 -10%」就是幾何拖曳所造成的「實際收益低於期望收益」的情況。

　　另一個更可怕的事實是，投入金額的大小也會有影響。來看下個情況：

**情況 2》假設投資組合的收益率與前文相同，但小林最初投資金額變成 2 萬元，則：**

　　第 1 年，投資組合價值增加到 3 萬元（=2 萬元×（1＋50%））。
　　第 2 年，投資組合價值降至 1 萬 8,000 元（=3 萬元×（1－40%））。

　　在這種情況下，小林的實際長期收益率仍為 -10%（=（1 萬 8,000 元－2 萬元）÷2 萬元）。

　　從上面的情況中，大家可以看到，情況 1 和情況 2 的實際長期收益率是一樣的，但是由於情況 2 的投資金額較大，絕對損失金額也因此變得更大。顯見雖然投資金額的大小改變了投資組合的絕對價值，但幾何拖曳對投資收益的影響仍然相同。這也表示，不管是「波動」或是「投資金額大

小」，幾何拖曳都會導致實際長期收益低於期望收益。

因此實戰上，千萬不要用「看對、壓大、抱長」的觀感來投資，我也是受到教訓後才了解，「看對」違反市場機率的觀念，「壓大」違反幾何拖曳的定律，「抱長」更是挑戰行為金融學中的人性。大家要警惕為上，不要被相關術語給誤導了。

另外，幾何拖曳的概念，有點挑戰平常認知，這邊我再用幾個例子來說明，讀者應該就能理解了。

**例 1》體重管理：**假設小王正在努力減肥，他的體重在第 1 個月減輕了 20%，但在第 2 個月又增加了 20%。從平均來看，小王可能會認為他的體重並沒有改變，因為（-20% + 20%）÷2 = 0。但實際上，小王的體重減少了 4%（＝（1 － 20%）×（1 + 20%）－ 1），這是因為他的體重在增加時是基於已經減少的體重去計算的，這就產生了幾何拖曳。

**例 2》工資漲跌：**假設小明的薪水在第 1 年增加了 30%，但在第 2 年減少了 30%。從平均來看，小明可能會以為他的工資並沒有改變，因為（30% +（-30%））÷2 = 0。但實際上，小明的工資減少了 9%（＝（1 + 30%）×（1 － 30%）－ 1），原因就是第 2 年小明的工資下降是基

於第 1 年已經增加的工資去計算的,這便是幾何拖曳。

藉由以上例子,讀者應該了解投資過程中,不僅需要考慮到收益率,還要考慮到投資的金額大小,這兩者決定了我們在投資中的實際得失,以及負面情緒可能對交易的影響,不可不慎。

## 活用6策略,確保資金安全

有了上述的原則為背景之後,資金管理就比較容易執行,以下是我經常使用的資金管理方式:

### 策略1》馬丁策略

馬丁策略又稱「馬丁格爾策略」,是源自一名叫馬丁的賭徒。做法很簡單,就是在每一輪輸掉之後,加倍下注來彌補損失。例如,如果馬丁下注 1 元並輸了,下一輪他就會下注 2 元;如果再輸,下一輪他就會下注 4 元,以此類推。

相信有點投資經驗的投資人一定聽過馬丁的做法,但這個策略實際上是由數學家保羅‧萊維(Paul Levy)仉 1934 年創造的,馬」其實是個虛構人物。

一般我會用馬丁策略來應付市場的「盤整行情」（技術分析稱為「區間盤整」），只要行情在有限的範圍中波動，馬丁策略就有不錯的效果。

但要看清楚，馬丁策略是在「區間盤整」的範圍裡進行操作，一旦價格超出預期的區間就要停損，不然在連續性的上漲或下跌時加碼，反而會增加風險。而且我每次在操作時，都是採用「最小投入單位」來提高勝率，若是違反資金管理原則的話，馬丁策略很快就會出事的，千萬不可輕忽。若以 SWOT 分析法來看馬丁策略，將會如圖 1 所示。

總結來說，馬丁策略的關鍵在於市場出現區間漲跌波動，而不是一直漲或一直跌時，用最小單位投入，且投入的資金要能加碼。

## 策略2》反馬丁策略

反馬丁策略又稱為「反馬丁格爾策略」，是一種與馬丁策略相反的投資策略。在這種策略中，投資人在盈利時加碼，在虧損時則減少投資金額，適合用於「趨勢交易」。尤其是股價突破極光波段的糾結區間，且站上底部較長的「價量累計圖」時，更是反馬丁策略的最佳使用時機。因為在趨勢確立後若加大投資金額，可以追求更高的報酬。

反馬丁策略的基本觀念很簡單，假設初始投資金額為 1 萬元。在第 1

## 圖1 馬丁策略適用於盤整行情
——以SWOT分析法評估馬丁策略

**優勢（Strengths）**
短期內可能獲得較高的報酬

**劣勢（Weaknesses）**
高風險、需要充足的資金支持

**機會（Opportunities）**
適用於盤整的行情

**威脅（Threals）**
若出現明顯行情，
會因連續虧損而耗盡資金

次交易後，投資人獲得了盈利，此時他將投資金額加倍至 2 萬元；若在第 2 次交易中再次獲利，則可以繼續加碼。但如果在任何一次交易中出現虧損，投資人將減少投資金額，例如將後續投入資金抽回，回到初始投資金額 1 萬元。這樣，在趨勢持續上漲時，投資人能夠獲得更高的報酬；而在市場趨勢不明朗時，則可以減少虧損。若以 SWOT 分析法來看反馬丁策略，將會如圖 2 所示。

相比馬丁策略而言，反馬丁策略具有更打不死，更可容錯的優勢。下方我將說明反馬丁策略在實戰中要注意的事項：

①**決定基礎單位**：反馬丁策略的核心是在贏錢時增加投入金額，在輸錢時減少投入金額，因此需要確定基礎單位，也就是最初的投入金額。而基礎單位應該是你財務狀況可以承受的風險水平，並且在整個過程中都不會發生變化。若是初學或新手，基礎單位自然是你可以投入的最小單位，當然也可以從買 1 張股票改成買 1 股來實現。

②**確定增加和減少投入金額的比率**：在使用反馬丁策略時，需要確定增加和減少投入金額的比率。例如，你可以決定在贏得基礎單位的一定比率後增加投入金額，或者在輸掉基礎單位的一定比率後減少投入金額。說真的，這比率我也很難給你明確的建議，但大致原則是有把握比率就可以多一點，反之則少一點，或是先以最小比率執行一段時間，心裡就有數了。再者，因為要能紀律執行此步驟，所以前 1 個注意事項中的決定基礎單位很重要，請大家務必量力而為，才能跟上一段趨勢，不然一次投資金額過大，盤勢震盪沒幾下，看到損失後出場就又被洗掉，反而錯失趨勢賺一段的收益。

③**設定風險控制機制**：反馬丁策略需要投資人建立完善的風險管理機制，以避免潛在的損失，因此需要設置停損點和風險控制機制，好確保風險可控。比如多空趨勢沒改變，就紀律的執行以上 2 個事項，但是一旦多空趨勢改變，則無條件執行風險管理，進行停損。

## 圖2 反馬丁策略適用於趨勢交易
——以SWOT分析法評估反馬丁策略

**優勢（Strengths）**
更好地控制風險和管理投資組合

**劣勢（Weaknesses）**
在不斷盤整的市場，
會造成一定比率的損失

**機會（Opportunities）**
有「趨勢波動」時
可以增加投資報酬

**威脅（Threats）**
需要更多的技術和市場分析能力

④**適時調整投入金額**：我在使用反馬丁策略時，會根據市場情況適時地調整投入金額。例如，在贏得基礎單位的一定比率後，增加投入金額；在輸掉基礎單位的一定比率後，則可減少投入金額。這種賺到本金與收益後再加碼的過程，可以減少交易心理帶來的壓力，若行情不如預期，至少賺到基本收益，若行情如預期則可賺到飽為止。

值得注意的是，反馬丁策略並非完美無缺，它同樣具有一定的風險。在一個長期上升趨勢中，如果「一直看錯行情」、「一直與趨勢對立」，反向操作在市場下跌時還在偏多交易，就算使用最小單位進入市場，長期下

來也是會輸光的。此時就要檢討判斷趨勢的方式，因為錯並不在反馬丁策略的資金管理。故使用反馬丁策略的大家應密切關注市場趨勢變化，適時調整投資策略，才能發揮市場因子與資金管理共振效果，取得最大收益。

## 策略3》定期定額

定期定額是一種投資策略，投資人在固定的時間間隔（如每月或每季度）以固定的金額投資於特定的金融資產，例如股票、基金或其他投資產品。這種策略旨在「減少投資人對市場波動的敏感性」，避免因一次性購買大量資產而面臨市場價格波動的風險。所以不要小看定期定額的資金管理策略，如果你有嚴重的交易心理問題，受不了損失厭惡帶來的壓力，那麼採用定期定額，並且以最小額度投入的方式，肯定是良方。若以 SWOT 分析法來看定期定額，將會如圖 3 所示。

而且我在實戰中發現定期定額帶來的優勢很多，好比在效率市場的長期投資中，這種策略可能會比一次性投資的績效更為穩定，很適合對行情不敏感的投資人。而且在市場高點時，可以避免購入太多的部位；在市場低點時，則可以建立足夠的倉位，如此間接達到「低買高賣」的賺錢定律，對於普通投資人來說，具有很高的實用性。

所以，我的心裡帳戶中（詳見延伸學習），必定有定期定額美股大盤的

## 圖3 定期定額可降低單一投資時點的風險
——以SWOT分析法評估定期定額

| 優勢（Strengths）<br>降低了單一投資時點的風險 | 劣勢（Weaknesses）<br>資金利用率相對較低 |
| --- | --- |
| 機會（Opportunities）<br>不需對市場時機做精確判斷，<br>降低了投資難度 | 威脅（Threats）<br>需要較長的投資期限<br>才能顯示其效果 |

指數基金，如 SPDR 標普 500 指數 ETF（美股代碼：SPY）的策略。因為在回測中，美國整體股市長期向上，而長期投資最好的方法之一，就是定期定額，結合兩者將是最佳的賺錢方法。

可是即使是「定期定額」這麼好的觀念，基於人性還是會有難以進行的時候，所以我自己會用養小孩的觀念來修正——反正不得不養，撐一下就過了。更何況我真的小孩養了 14 年，花了 500 多萬元，目前一點收益都沒有；而定期定額指數基金小財神，卻提供了我 500 多萬元的收入，將兩者相比心中很是感慨！

## 延伸學習 ▶ 善用心理帳戶可更好規畫資金

交易策略有很多種,例如:短線、長線、當沖、基金、股票、選擇權等,為避免精神錯亂,使用心理帳戶是其中一個方法。

心理帳戶是行為金融學中的一個重要概念,由經濟學家理查·塞勒(Richard Thaler)於 20 世紀 1980 年代提出。心理帳戶指的是人們在心理上將資金劃分為不同的類別,並根據這些類別為資金設定不同的使用目的,如此進行多元策略投資時,就不會亂了方寸。

千萬不要像市場上的陋習,做當沖的說長線投資的壞話,做籌碼分析的說財務分析的壞話,應秉持著交集共振的精神,才是賺錢良策。

　　讀者應多利用金融機構的自動定期定額的服務,一來降低單次大筆投資所帶來的風險,二來無需擔心何時需進行投資。再視自己的財務狀況調整投資金額,達到理想的投資結果。

## 策略4》單筆投入

　　單筆投入是指投資人將一筆資金在某一時刻一次性投入市場,而非分批進行。若以 SWOT 分析法來看單筆投入,將會如圖 4 所示。

　　我在使用此策略的實戰觀念如下:

**圖4** 單筆投入可帶來較高的投資報酬，但風險也較大
——以SWOT分析法評估單筆投入

**優勢（Strengths）**
可能帶來較高的投資報酬

**劣勢（Weaknesses）**
需要投資人對市場時機
有一定的把握能力

**機會（Opportunities）**
將資金一次性投入市場，
提高資金的利用率

**威脅（Threats）**
過去的收益可能會有所損失

①先有投資所產生的收益，才進行單筆投入，而不是使用本金。這是因為單筆投入屬於高風險的資金管理，為避免本金損失，最好使用安全性較高的方式獲利，比如公債投資後的收益，才進行單筆投入，而且投入金額不可以大於本來的收益金額。千萬不要在賺錢後，心就跟著大起來，愈壓愈大不會有好下場。富人都是用收益在單筆投入，再怎麼受傷、也是少賺，而不是賠了身家。

②市場有分「有效市場」與「無效市場」（詳見2-1），平常的有效市場，分散投入多半有不錯的收益，但當危機發生，市場轉成無效時，則單

265

筆投入才有超額收益。我最愛在意外「發生後」，且成交量爆大量，市場行情處於相對低點時，單筆投入市場。這是因為一來不用預期行情，再者「低檔反爆大量」，表示所有投資人都失去信心，不理智的賣出部位求生，這些賣出的股票不應該成交卻反而成交了，顯示有人在此時大量買入，低檔大量買入，這不是異常是什麼？自然要跟上這難得的機會，一次性的投入。不過低檔爆大量的交易機會少，還有一種情況是在市場乖離率較大時，進行單筆投入，相關觀念可以參考前面技術分析的章節。

以上「低檔爆大量」使用單筆投入市場的觀念，我多以「指數基金」為主，如台股的元大台灣 50（0050）、美股的 SPY 等。但我相信敢在這裡買的人可能少之又少，所以單筆投入的金額一定是要用平常投資所產生的收益進行。要我在這壓上本金單筆投入想得美，「概率出發，避險永生」可是我的獲利所在。

## 策略5》移動停利

移動停利（又稱「移動停損」，因為用這種方式出場會比賣在最高點少賺）是一種動態的停利策略，當投資標的價格上升時，移動停利點的位置也會相應上升，這樣當市場反轉時，就可以在相對高點出場，我經常在交易中運用此概念來保護投資收益。若以 SWOT 分析法來看移動停利，將會如圖 5 所示。

## 圖5 移動停利可在趨勢改變時保護基本收益
——以SWOT分析法評估移動停利

| 優勢（Strengths）<br>保護基本收益 | 劣勢（Weaknesses）<br>過於緊縮的設定比率<br>可能導致過早出場 |
|---|---|
| 機會（Opportunities）<br>可根據市場環境和<br>投資標的特點靈活調整 | 威脅（Threats）<br>可能錯失市場最完美的機會，無<br>法賣在最高價，但從最高價的成<br>交量只有極少數來看，就知非大<br>眾可為，屬運氣性質 |

移動停利策略通常會以「價格變動的百分比」或「少賺的收益比率」來設定。好比你持有1檔股票，且已經賺到1萬元了，結果行情拉回後收益變7,000元，也就是下跌1/3左右，那就開始進行停利的動作，可以一次出場，也可以分批出場。這樣的好處是小型震盪時不會被洗掉，有機會賺到整個波段的收益。至於是否要在獲利回跌至7,000元時出場，這就因人而異，可由你設定的拉回比率來決定。移動停利的優點在於當趨勢真的改變時，能守住大多數的利潤，達到在市場波動時保護收益和控制風險的好處。

## 策略6》停損設定

停損是在投資中設定一個預定的價位，當股價跌至此價位時，投資人便立即賣出持有的股票，以防止損失進一步擴大。至於停損點怎麼設定？主要有 2 個方式：

### ①根據「波動性」來設定停損範圍

一般，若我交易的商品波動較大時，會設定較大的停損範圍，好比台積電的停損範圍一定是比中華電（2412）更大的。

### ②根據「個人風險承受能力」來設定停損範圍

當我過去收益愈多時，我的停損範圍也會愈大，接近一般行情波動 25% 的範圍。不過大家若從零開始，最好是在進場條件不成立時，執行停損，比如當初是因為籌碼買超 3 日而買進，但現在籌碼賣超 3 日，自然是要停損的。

通過設定停損點，投資人可以在一定程度上控制損失，保護資金安全。這道理說起來簡單，但若是「手動」進行停損，在損失厭惡的交易心理下，多半是說得到做不到。所以我在進場前，多半會利用下單軟體的「停損設定」進行停損，當預設的條件達到設定的停損點時，系統就會自動平倉，防止損失進一步擴大。

## 圖6 停損設定可助投資人降低損失
### ——以SWOT分析法評估停損設定

| | |
|---|---|
| **優勢**（Strengths）<br>可以幫助投資人降低潛在損失，<br>防止損失進一步擴大 | **劣勢**（Weaknesses）<br>過緊的停損點可能在市場波動時<br>過早出場，錯過未來的盈利機會 |
| **機會**（Opportunities）<br>投資人對停損策略的了解和應用，<br>風險管理水平將提高 | **威脅**（Threats）<br>在極端市場情緒下，停損點可能被<br>觸及，導致投資人不得不虧損出場 |

　　停損點的設定可以根據自己的風險承受能力和投資目標來確定。合理的停損點設定可以避免投資人因情緒化決策而承受過大損失，所以合理性很重要，誰都不想賠錢，誰都想一進場就賺錢，但市場有一定的波動範圍，過小的停損點，看似能減少損失，但長期下來交易成本卻很可觀，最後還是會虧損。若以 SWOT 分析法來看停損設定，將會如圖 6 所示。

　　交易不是無本生意，只要賺多賠少就是門成功的生意，千萬不要想一本萬利，而且經驗告訴我，設定停損點可以有效降低投資人的風險，提高收益率。只要大家根據前述介紹的方式選擇合適的停損點，避免過於緊縮的

停損點，導致頻繁交易和過早出場，最終都能實現更有效的風險管理。

　　綜合上述說明，資金管理在金融投資中具有不可或缺的重要性。透過資金多元分配，投資人可以降低風險並提高獲利機會。損益金額評估有助於確保資金安全，並協助投資人保持理性決策。凱利公式提供了一個依據獲利機率和風險控制的投資比率，使投資者能夠有效地管理資金。同時，幾何拖曳、馬丁策略和反馬丁策略則進一步幫助投資者在不確定的市場環境中維持穩定的投資組合。

　　而定期定額策略可以讓投資者在市場波動中實現成本平均效果，進而提高長期投資報酬。心理帳戶的概念有助於投資者更好地認識自己的風險承受能力，從而制定適合自己的投資策略。單筆投入和移動停利可以協助投資者靈活應對市場變化，保護資金安全。停損設定是一個重要的風險控制手段，可以幫助投資者及時止損，避免巨大虧損。

　　總之，資金管理在金融投資中具顯著重要性，大家應熟練掌握策略和技巧，才能確保資金安全並達成投資目標。

Chapter **5**

# 穩紮穩打的
# 實戰技巧

# 透過特別股、美債、可轉債
# 奠定穩定收益

在投資市場中，很多投資人追逐著高報酬，希望以最小的成本獲取最大的利潤。然而，高報酬往往伴隨著高風險，意味著可能會承受更大的損失，因此，投資時應先考慮穩定收益，再考慮追求超額收益。

穩定收益是投資人維持本金的基礎，透過穩定收益的投資，投資人可以確保他們的資金安全，並且獲得一定的回報。像是特別股、美國公債、可轉換公司債（CB，以下簡稱「可轉債」）等，都是我常用的工具。這些工具不僅具有較低的風險與穩定收益，還有可能創造意外的收益，是我維持資金安全和獲得穩定報酬的理想選擇。

在穩定收益的基礎上，再進行超額收益的投資，往往如魚得水。因為超

額收益通常意味著承擔更高的風險，但由於此風險產生時的損失金額，是由穩定收益獲利的部分來承擔，也就是說，就算遇到損失，也是本來的收益減少，並不會賠到本金，甚至有機會可以獲得超級回報。

　　超額收益的投資是指股票、選擇權、當沖等投資方式，雖然能提供更高的報酬，但若沒有穩定收益作為基礎，你就會發現自己「沒膽量」進行交易，因為在損失厭惡的影響下容易失去紀律。故投資人應該在穩定收益的基礎上，再進行高風險投資工具。唯有穩定、紀律的交易，才能有相對應的超額收益。

　　如果不遵循此順序，仍執意先追求高報酬而忽略風險，往往會面臨賠錢的危機。在這種情況下，投資人會因為風險太高而承擔太大的損失，同時當市場出現大幅波動時，投資人也會因為沒有考慮到風險，而無法承受損失，進而造成更大的損失。想想家人、想想人生，這風險是不是太大了？這段天堂路，我已經爬過了，大家就不要不信邪，拿自己的幸福開玩笑，何必呢？

　　因此，如同前面所說的，大家在投資時，應該先考慮穩定收益，然後再考慮追求超額收益。下面我就來幫大家詳細介紹特別股、美國公債和可轉債這 3 種好用的穩定收益工具。

# 特別股》兼具「債務」和「權利」特性

特別股是指一種股份,通常在發行初期發行給特定的投資者或機構。與普通股(一般股票)不同,特別股通常具有一些獨特的特性,例如優先權分配和固定股利支付、到期買回等。以下將對特別股的特性進行介紹:

特別股會依公司發行順序在股名後面加入甲、乙、丙……(註1),且會在股號後面加入 A、B、C……,例如富邦金乙特,代號為 2881B。

此外,特別股因具有「債務」和「權利」的特性,資產清算的受償順序和股利分配順序都比普通股優先。通常特別股會按照事先約定的股息率發放,多半高於定存利率不少,甚至有時特別股的配發股利權利會優於普通股,例如中鋼特(2002A)的股利,往往配得比中鋼(2002)普通股多。

在買賣特別股時,有幾個重要條件要特別留意:

1. **累積股利(是/否)**:若公司當年度未配發股利,未來是否配發股利。

2. **股息**:可用來計算殖利率,計算方式為「股息 ÷ 特別股股價 ×100%」。

3. **分配剩餘財產優先權（有／無）**：公司破產償還後，若有剩餘必須「優先」支付特別股股東。

4. **被選舉權（有／無）**：是否有權參與公司董事會的選舉。

5. **開始轉換時間**：行使將特別股轉換普通股權利的時間。

6. **發行日期**：指公司首次向公眾出售其特別股的日期。這是金融商品進入市場流通的起始點，而對於投資人來說，這個日期也很重要，因為特別股的許多條款與權益，例如股息支付日期，往往會以發行日期為基準來計算。

7. **發行價格**：一般為未來買回時的價格，此為穩定收益觀念，除非公司倒閉，否則到期時公司會用此價格買回特別股。

8. **參加超額股利分配（有／無）**：除特別股的股息外，可否再參與普通股盈餘分派之權利。

---

註 1：有些特別股只會在股名後面加「特」，不會特別標示甲、乙、丙。像是中鋼發行的特別股，名稱就叫「中鋼特」，代號是 2002A。

---

9. **表決權（有／無）**：股東會議上的表決權利。

10. **轉換權（有／無）**：可否轉換為普通股。

11. **是否收回（是／否）**：發行後，公司可否按原發行價格收回特別股。

12. **收回時間**：計算年化報酬率。

13. **收回條件**：是否依發行價格買回。

這些資訊在公開資訊觀測站的「特別股權利基本資料查詢」都可以查到，其中要特別留意「發行價格、股息、收回時間和收回條件」（詳見圖 1），因為從這 4 個條件可以明確計算出報酬率。只要公司無財務危機，不會倒閉，這筆投資就相對穩健。

看到這，不知讀者有無發現穩定收益的關鍵？那就是公司「是否依發行價買回」。當特別股的市場價格低於發行價格，在計算年化報酬率之後，我就會買入特別股，因為只要公司不倒，這筆投資勝率極高。而且在空頭期間，股市大跌時，特別股價格跌很大，對我而言反而是穩定收益的進場時機。

## 圖1 富邦金乙特股息為2.16元
──富邦金乙特（2881B）基本資料

| 本資料由 (上市公司) 富邦金 公司提供 | | | |
|---|---|---|---|
| 股票代號 | 2881B | 序號(第__資料) | 1 |
| 特別股名稱 | 富邦金乙特 | 發行日期 | 107/03/16 |
| 累積股利(是/否) | 否 | 發行價格 | 60.00 |
| 股息 | 2.160 | 參加超額股利分配(有/無) | 無 |
| 分配剩餘財產優先權(有/無) | 有 | 表決權(有/無) | 無 |
| 被選舉權(有/無) | 有 | 轉換權(有/無) | 無 |
| 開始轉換時間 | | 是否收回(是/否) | 是 |
| 收回時間 | 114/03/16 | | |
| 收回條件 | 發行日滿七年之次日起隨時按原實際發行價格收回 | | |

資料來源：公開資訊觀測站、富邦金

　　一般我會分批買進市場上低估的特別股，並用分散投資的觀念，只要符合低估的大多會買進。因為投資特別股，只要公司不倒，就能穩定收益，即使公司真的倒了，分散投資也能保護我的資產。再者，若未來股市行情不好，特別股沒漲也沒關係，最差頂多是一邊領股利，一邊持有至到期日為止，讓公司依發行價買回？並且由於我是在特別股價格被低估時買入，有價差的資本利得與股利收益，以空頭期間的績效來說都相當亮眼。

　　當特別股產生穩定的收益後，這筆收益便具備了「膽量的加持」，未來在進行超額收益的投資時，你將會很穩定。比方說特別股收益有 5%，拿這 5% 去進行可轉換公司債資產交換（CBAS）或期貨與選擇權的超額投資（請參考《散戶贏家林昇：實戰上萬次的選擇權獲利 16 招》），便有機會可以獲得 50% ～ 500% 以上的收益。就算輸了，也只是輸本來收益賺到的 5%，只要再回頭去尋找特別股的投資機會就好，玩來玩去，本金都能不動如山，只是收益大小的變化。但若是直接用本金進行高風險的投資行為，想想你有幾個 5% 可以賠呢？更何況市場波動個 25% 是很常見的喔！

　　至於買進之後，何時該離場呢？由於特別股可以計算到期日與收回價格，所以大家可以依照自己想要的報酬率來考量進退。投資特別股最重要的就是底部有鐵板，上無天花板，投資心理穩建，才敢投入、壓大、抱久，不怕看錯！若是一般股票，就算沒中風也會讓人血壓升高，終究不是長久之計。

　　以光隆甲特（註 2）為例，它的發行價格為 50 元，因此投資人只要在股價低於 50 元時買進，都是有收益的。我自己是在 2022 年 8 月，股價 48 元左右進場，當初進場的邏輯只是求個穩定與小賺，沒想到後來股價一路漲到 63 元以上，資本利得一算竟有 30%（詳見圖 2）！你可以去

**圖2** 光隆甲特股價從48元漲至63元以上，漲幅逾30%
——光隆甲特（8916A）日線圖

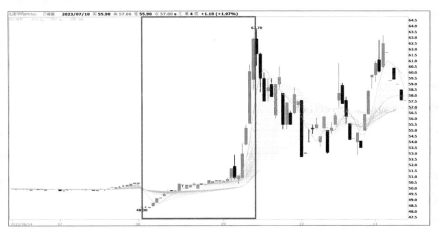

註：資料時間為 2022.06.14 ～ 2022.11.11
資料來源：XQ 全球贏家

看看 2022 年期間，資產可以增加 30% 的有幾人？

好玩的是，公司收回價才 50 元，還有人用高於這個價格去買。好吧！

---

註 2：光隆甲特因流通在外股數低於 500 萬股，於 2023 年 7 月 19 日終止櫃檯買賣。

既然股價高估就要懂得賣出。其實這就是行為金融學中的心理作用在作怪,看到別人賺一大段,自己不搶進怎麼可以?完全不管價值與價格的關係就會得到虧損教訓,故勤做功課,持續學習才是投資的王道,沒有例外。

大家也許會問,為何我知道要投資光隆甲特?其實我並不知道這檔特別股會從穩定收益變成超額收益,我只是把當時市場上低於買回價的特別股找出來,並計算年化報酬率。只要符合投資報酬率,比如大於定存與無風險利率者就統統買進,反正定存還有被盜領的風險,相比之下公司倒閉的機率更低,而且還有獲得超額收益的機會,既然已充分評估,又何必跟錢過不去呢?

除了計算投資報酬率的方式外,我也會利用「乖離率」來尋找特別股的進場時機(詳見 3-4)。當乖離率來到極大值時,就會分批開始建立部位,空頭到來時有滿地負乖離過大的黃金可以撿,當然就有多少撿多少。這些因為被低估而產生的獲利,都是未來執行超額收益策略的本錢與膽量,如果希望未來能有更高的收益,就要加強穩定收益策略上的表現。

此外,有些特別股還具有「現金增資認股」的權利,就是用低於市場股價的價格進行認股。若公司基本面還不錯的話,我個人也會參與這種資本利得的獲利機會。

# 美國公債》擁4大特性，投資風險相對低

美國公債又稱「美國國債」，是由美國政府發行的一種債券，用來籌集資金以支持政府的預算和開支，具有下列 4 個特性：

## 1.安全性高

美國公債是由美國政府發行，因此被視為是相當安全的投資工具。不過投資人要知道，金融界沒有一定的事，都是概率思維罷了。

## 2.定期付息

美國公債通常具有固定的利率，並定期支付利息，投資人可以獲得穩定的收益。

## 3.流動性高

美國公債的流動性較高，投資者在需要資金時可以較容易賣出其持有的債券。

## 4.期限多樣化

美國公債的期限多樣化，從 1 年以內的短期公債（例如 3 個月、6 個月等），到 1 年以上的長期公債（例如 1 年期、2 年期等）都有，可滿足

不同投資者的需要。

看完以上特點，大家應該可以了解美國公債是一種低風險、定期付息、流動性高的投資工具。與特別股的觀念一樣，美國公債到期時可以獲得實際的收益率，所以我也會利用美國公債來打造我的穩定收益。

若想投資美國公債，就必須先了解「固定收益、利率和價格」三者之間的關係。美國公債的固定收益是指債券到期時的本金加上利息，投資人購買美國公債，就是在購買固定收益的資產。而美國公債的利率決定了每年支付的利息數額，例如 1 張面額 1,000 美元、利率為 3%，那麼每年支付的利息為 30 美元。因此，美國公債的利率愈高，投資人可以獲得的利息收入就愈多。

此外，美國公債的利率和價格之間為反向關係（詳見圖 3）。當利率上升時，新發行的債券利率會比現有的債券高，這將導致現有債券的價格下跌。例如：投資人在 1 張面額 1,000 美元、利率為 3%、期限為 5 年的美國公債發行時購買，那麼當市場利率上升時，會發現自己持有的美國公債價格下跌，進而產生損失，但這是當下的情況，若投資人一路將美國公債持有至到期，仍然在支付利息的平衡中，最終將取得固定收益。反之，當利率下降時，因為新發行的債券利率低於現有的債券，會使得現有債券

**圖3** 美國公債的利率和價格為反向關係
──美國10年期公債殖利率vs.期貨價格

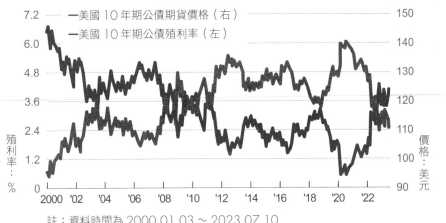

註：資料時間為 2000.01.03 ～ 2023.07.10
資料來源：財經 M 平方

的價格上升。

　　由於美國公債能在安全性的前提下確保穩定收益，故投資美國公債的邏輯也是跟特別股一樣，最差情況是到期時有固定收益，若進場時機不錯，往往也不用持有太長時間就能产牛收益。這就是為何我在穩定導向的資產配置中，會加入美國公債的原因。因為「最差就這樣」，人生只會更美好。

　　雖然就實務上來說，一般人很難直接購買美國公債，但是可以透過持有相關 ETF 來進行投資。目前市面上與美國公債相關的 ETF 有很多，各具有不同的期限和風險收益特性，下面將提供幾檔美國公債相關的 ETF 供讀者參考：

　　① iShares 1-3 年期美國公債 ETF（美股代碼：SHY）：投資於 1 年～3 年到期的美國公債，主要追求短期債券的穩定收益，風險較低，適合保守型投資者和短期投資需求。

　　② iShares 3-7 年期美國公債 ETF（美股代碼：IEI）：投資於 3 年～7 年到期的美國公債，追求中短期債券的穩定收益，風險介於短期公債和長期公債之間，適合尋求適度風險和收益的投資人。

　　③ iShares 7-10 年期美國公債 ETF（美股代碼：IEF）：投資於 7 年～10 年到期的美國公債，主要追求中長期債券的收益，風險和收益較中短期公債略高，適合有中長期投資需求並能承受一定風險的投資者。

　　④ iShares 20 年期以上美國公債 ETF（美股代碼：TLT）：投資於 20 年以上到期的美國公債，主要追求長期債券的收益，風險和收益相對較高，適合尋求長期投資和高收益，並能承受相應風險的投資者。

⑤ iShares 美國公債 ETF（美股代碼：GOVT）：投資於各種到期日的美國公債，提供美國公債市場的廣泛曝光，風險和收益隨著公債期限的不同而有所變化，適合尋求美國公債市場整體表現的投資者。

至於什麼時候適合買進美國公債 ETF？其實我們根據升息幅度的變化，就可以大約知道 2023 年升息將慢慢出現趨緩，反映在債券的表現上，往往就是價格的低點區間（詳見圖 4）。就算看錯趨勢也有固定收益能平衡，若是單純靠技術分析的都是事後諸葛亮，投資人應具備辨識的能力。

## 可轉債》享有轉換成公司普通股的權利，可分散風險

可轉債的全名為「可轉換公司債」，是一種公司債券，具有在約定時間內按比率轉換成公司普通股的權利。通常可轉債會在股名後面加一、二、三……，且會在股號後面加 1、2、3……，如長榮航五，代號為 26185。

有人會好奇，大多數可轉債沒有利息，為何我會把它視為固定收益？這是因為當「可轉債的價格低於公司買回的價格時」，就可視為固定收益。例如可轉債價格為 98 元，公司買回價為 100 元，這 2 元可以視為固定收益。

　　此外，由於可轉債具有轉換成公司普通股的權利，因此具有風險分散的特性。當公司股票表現良好時，投資人可以通過轉換權利參與公司股票的價值增長；當公司股票表現不佳時，投資人也可以保持債券低於收回價格的固定收益，以此減少風險。

　　從前述可知，當可轉債的價格低於公司買回價格時（通常接近 100 元），只要在公司不倒閉的前提下，多半具有保本的性質。若未來普通股價格上漲時，可轉債價格也會跟著上漲，投資人只要請券商幫你把可轉債轉成股票後，就可以賺取股票上漲的收益（註 3）。這表示若操作得當，投資人除了可以在股市上參與公司股票的價值增長，還可以獲得固定的利息收益。

　　由於可轉債通常具有較長的期限，一般為 3 年或以上，因此可以用來進行長期投資，有時還會有意外驚喜。舉例來說，當 2022 年年底看到巨大一（99211）股價來到 100 元以下，又發現有大於平常的成交量異常時，就可以檢視財報中的資產負債表（詳見圖 5）。確定公司要倒閉的機率接近 0 時，就開始分批布局。反正不漲就持有至到期日，當定存收利息；若公司真的倒了，也會因為是債權人，求償順序大於股票，至少還有個最差方案。我也沒想到，後來這原先以「定存」為出發點的念頭，竟為我創造了高於預期的 6% 收益，真是奇蹟自來啊！

## 圖4 升息趨緩時，往往是債券的相對低點
——iShares美國公債ETF（GOVT）日線圖

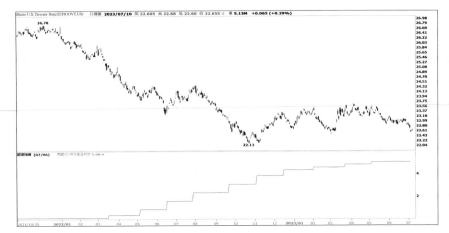

註：資料時間為 2021.10.25 ～ 2023.07.10
資料來源：XQ 全球贏家

在本章中，我們探討了穩定投資策略的重要性，並介紹了 3 種主要的投資工具：特別股、美國公債和可轉債。這些投資工具都有其獨特的特點，我利用它們的特性作為穩定投資策略的方法，這邊再幫大家複習一下：

---

註 3：若投資人想直接把可轉債賣掉也可以，但因為可轉債的流動性相對股票較差，所以將可轉債換成股票來賣，往往收益略好。

---

## 圖5 2022年年底巨大一股價低於100元且成交量異常大
—— 巨大一（99211）日線圖

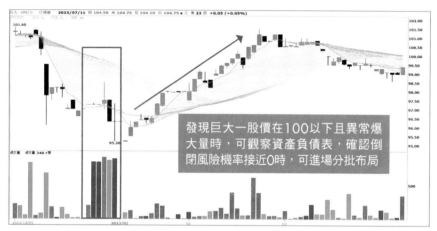

> 發現巨大一股價在100以下且異常爆大量時，可觀察資產負債表，確認倒閉風險機率接近0時，可進場分批布局

註：資料時間為 2022.12.05 ～ 2023.03.31
資料來源：XQ 全球贏家

特別股結合了普通股和債券的特點，提供了穩定的股息收入和相對較低的波動性。加上特別股股息通常高於普通股，在低利率環境下更具吸引力。再者，當特別股到期時，公司會依約定面額買回，且公司破產的情況下，特別股股東具有優先受償權，也進一步提高獲利的穩定性。

美國公債只要美國不倒，就是相對安全的固定收益商品，因為它們由美

國政府擔保。美國公債的收益率雖然較低，但風險也相對較小，適合風險趨避或走過天堂路的投資人。此外，美國公債也提供了多元化的機會，因為它與股票市場的表現往往呈現低度或負相關性，經常是資產配置的元素之一。

可轉債結合了債券和普通股的特點，為投資人提供了固定收益和潛在的資本增值。當公司表現良好時，可轉債的價值可能隨著股票價格上漲而提升；而在市場不好時，只要「可轉債價格低於買回價」，也會提供一定程度的固定收益，因為到期時，公司仍會依約定價格買回。實屬進可攻，退可守的穩定收益策略。

綜合以上觀念，就能取得穩定投資策略的基本收益，甚至有時還會有意外驚喜，後續再結合超額投資策略，以此形成收益的「飛輪效應」，實現穩定與超額的共振效果，要達成資產穩定又快速增值的目標並不難。

## 5-2

# 應用反身性理論
## 追求超額收益

交易實務做不好，多半是理論沒學好，實務與理論有差距，只要透過經驗修正即可，但若一點理論基礎都沒有，就會發現要賠很多錢來修補理論缺口，該學的終究跑不掉，花血汗錢在市場上學到的教訓，既痛又沒效率。

每次行情在高低點時，我總會和身邊的親友說明市場乖離過大，行情將逆轉，這並不是隨機性的猜測或是倖存者偏見，因為我已經無數次精準預料，靠的就是「反身性理論」（Reflexivity Theory，註1）。只要能了解它，就會與一般人的認知不同，在獲利上大幅提高超額收益的機會。

在反身性理論下，勝率與時機都能有效掌握，若只是要賺小錢，那就跟上班領的薪資沒有太大差別，所以我們可以利用「槓桿型 ETF」來放大收

益！看到這裡，也許有人會覺得很危險，對保守的投資人來說，這個商品可能並不適合，但別忘了，我是在穩定收益產生之後才進行此策略，因此交易心態是完全不同的。當然，投資策略還是有適性的問題，適合我不一定適合你，就擇你所愛吧！

金融市場上的「反身性理論」是指什麼意思？「反身性理論」是我相當喜歡的投資人、金融巨鱷喬治・索羅斯（George Soros）提出的金融市場理論。該理論認為市場參與者的主觀觀點和市場間存在著循環性的相互影響過程，這種過程在很多情況下會導致金融市場偏離其基本面的價值。

很難懂吧？讓我用更白話的方式來說明。反身性理論是一種「人類行為」和「決策過程」之間的關係，人類行為和決策不僅受到外在的環境因素影響，還會受到自身的情感、信念、經驗等因素的影響，也就是「人類行為和決策，會受到自己的想法和感受影響」。

舉個例子，假如你很害怕鬼，那麼當你走在一條黑暗的路上時，你可能會感到很害怕，即便沒有任何鬼出現，這是因為你自己的情感和信念影響

註 1：反身性理論又稱「反射理論」，但因為與「人性」有關，個人偏好用「反身性」的說法。

了你的行為和決策。

在金融市場上，因為你很怕股價下跌，就算是多頭趨勢，還是很害怕股價下跌，即使股市一直漲，還是時時刻刻的在怕股價下跌；反之，你很怕錯失投資機會，就算是漲勢未出現，你也很勇敢買進，即使股價開始大跌，還是一路當死多頭，然後歸西去。而這很怕股價下跌或很怕錯失投資機會的情感，都是來自過去的經驗，而這些經驗將會影響你未來的決策。

我在交易時，非常看重反身性理論。因為我知道 90% 投資人在進行交易時，都會被情感、信念和經驗影響其交易決策和行為，進而改變交易結果。因此，要成為一位成功的投資人，應該先了解自己的情感、信念和經驗，再學會控制，並且要能察覺其他投資人的反身性程度，如此才可大幅提高交易成功的機率。這是一般傳統分析無法造就的境界，它是情緒現象，不是統計結果。

反身性理論的核心觀念包括 2 個基本原則：

## 原則1》主觀意識大於市場客觀性

市場參與者無法獲得關於市場完全客觀的知識，故其行為和預期是基於對市場狀況的偏誤解釋。比如股價漲了一段行情，就覺得已漲高了，其實

只是未來成長性的開始而已，標準的「手拿鐵鎚，到處都是釘子」的偏誤。

## 原則2》主觀預期對市場產生影響

市場參與者的主觀預期，會影響市場的實際情況，尤其是當市場參與者的行為改變市場的基本面時，市場價格可能偏離其基本面的價值。好比大家都在看多，誰還看本益比呢？哪檔股票會漲才重要。此時市場價格被主觀預期給持續推動者，形成一個正向或負向的反饋循環。

所以市場沒有合不合理、對不對的心理問題，多半是投資人主觀在推動行情方向。然而當主觀達到極大值時，這種自我加強的過程就會產生金融泡沫、恐慌等現象。這就是為何前面章節要先讓大家了解有效市場與無效市場的差別（詳見 2-1），因為市場出現極端波動和不穩定性的根本，就是反身性的結果產生了變化。然而，需要注意的是，反身性理論不適用於所有市場情況，只有在某些特定的條件下，市場行為才可能表現出反身性的特徵。以下是我在各方面感受到的反身性現象：

## 總體經濟》主要觀察領先指標、同時指標

總體經濟反身性現象的觀察重點是景氣指標中的「領先指標」與「同時指標」。當這兩者出現死亡交叉或黃金交叉時，我會將之視為應用反身性

理論的時機，若「領先指標」與「同時指標」出現黃金交叉就代表後續偏多，若出現死亡交叉就代表後續偏空。

　　例如在 2021 年年底可以看到，領先指標與同時指標出現死亡交叉的情況，當時台股還在創高，一看就是反身性現象（詳見圖 1）。於是我在直播中提出未來 1 年偏空的看法，讓大家要有風險意識，同時也為自己的部位下定錨，將高估的股票賣一賣，空單布一布，期權避險單再加碼，過個收益再成長的一年！

　　畢竟當下總不能佛系的看著滿手 SPDR 標普 500 指數 ETF（美股代碼：SPY）一路跌吧！不成佛沒關係，但變成神經病還得了？還是避險吧！在此期間使用槓桿 2 倍的 ProShares 二倍放空標普 500 指數 ETF（美股代碼：SDS），反向進行風險管理，損益一來一往還有賺，這才心境如佛，平常心過日子。投資人要記住，大盤指數基金的重點在於長線定期定額的投入，不會因為波動而隨意賣出，適時避險可以降低行為金融學中的人性偏誤。

## 基本面分析》主要觀察本益比

　　基本面分析反身性現象的觀察重點是「本益比」。當股價上升時，會吸

圖1 **2021年年底大盤領先指標與同時指標出現死亡交叉**
——加權指數日線圖

註：資料時間為 2021.09.02 ～ 2023.04.07
資料來源：XQ 全球贏家

引更多的投資人買入，然而這些投資人中，卻有很多人不知此時本益比已
經過高，當企業稅後淨利成長性不足以支撐其價格，甚至出現負值時，即
是標準的反身性現象，整體應偏空思考，因為很快就會被殺爆了。此時一
旦出現成交量異常，我就會反向操作布局空單。尤其當恐慌指數（VIX 指
數）波動率升高時，都是這種標的會直接出現長黑 K、跳空向下，被殺到
爆量。

再者，當新聞對公司的盈餘預測過於樂觀時，投資人可能會採取風險較大的交易策略，進而導致預期落空後的超額損失。比如預期成長性30%，但營收成長性才2%，一看就對不上，也許便是反身性現象的時機。

反身性現象本身就是與眾不同的觀點，容易有是非之爭，這裡我就不列出標的，望讀者體諒。但只要抓住「本益比」與「成長性的財務項目」，我想不難判斷，畢竟自己做功課，比什麼都有用！不然你滿手偏多標的，我在這邊偏空看反而會影響你的判斷，陷入是非對錯的爭端。

## 籌碼分析》主要觀察籌碼流通量

籌碼分析反身性現象的觀察重點是「籌碼流通量」。當籌碼增加時，會對股票價格產生影響。然而，股價位於高點，籌碼又增加比重來到相對偏高的位置時，也經常是反身性理論應用的時機。

籌碼資料除了觀察張數外，還有百分比的訣竅，畢竟每檔個股持股比率最大就是100%，難不成還能破表嗎？以護國神山台積電（2330）來說，2022年年初，股價不斷創新高，且大戶持股比率來到91%（詳見圖2），一看就是反身性現象。但當時市場如此偏多，許多投資機構還上看台積電股價會到800元～1,000元。既然整個市場反身性現象如此嚴重，那就

### 圖2 台積電2022年年初大戶持股比率達91%

——台積電（2330）日線圖

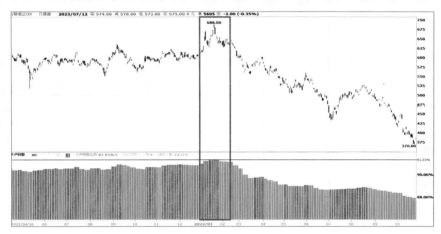

註：資料時間為 2021.04.16 ～ 2022.10.27
資料來源：XQ 全球贏家

要空單或避險，布好布滿等待暴利；待低點的反身性現象出現再重複執行策略，多單布好布滿等暴利，在人性的兩個極端間賺大錢。

## 技術分析》主要觀察乖離率、成交量

技術分析反身性現象的觀察重點是「乖離率」和「成交量」，分述如下：

## 1.乖離率

乖離率可以用來判斷市場價格是否偏離均值表現,當乖離率偏離過大時,就是一種反身性現象,應反向看待市場後續方向。

以中華電(2412)來說,這種電信股走勢相對穩定,但當它股價不穩定時,反身性現象就來了。可利用中華電負乖離率來到極值期間時,壓好壓滿抱著不賣(詳見圖3)。這樣每次中華電出事都能讓持股成本降低,長期下來,部位愈大,成本愈低。等到隔年配息,投機本錢再放大,就可以再投入其他具有反身性現象的交易機會。那麼這究竟是投資還是投機呢?其實就是懂遊戲規則的人就賺錢!

## 2.成交量

當低檔爆大量,市場上 90% 投資人都虧損,再也無賣壓時,正是應用反身性理論的好時機。

每次看到市場在討論存股議題的時候,我的心中就會充滿很多 OS,因為從行為金融學的角度來看,若是股價波動一大,又有多少投資人真的能扛得住損益呢?就好比元大台灣 50(0050)每次低檔爆大量,就是最好的證明。存股應該是一張不賣,結果許多人統統賣光光,才成就了低檔爆大量的反身性現象。既然天道酬勤的機會到了,自然就要把握時機讓財

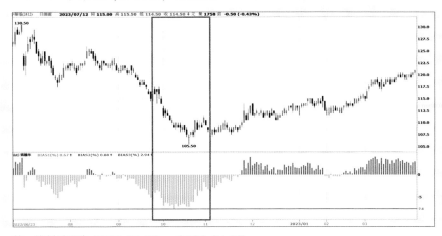

**圖3** 中華電2022年年底負乖離極大
——中華電（2412）日線圖

註：資料時間為 2022.06.23 ～ 2023.04.07
資料來源：XQ 全球贏家

富重新分配。

## 行為金融學》主要觀察群體思維、短視近利等

行為金融學反身性現象的觀察重點有 4 個，分別是「群體思維」、「短視近利」、「選擇疲勞」和「記憶錯誤」，分述如下：

## 1.群體思維

當不同新聞媒體「都只報導同一件事情時」，比如 5 家媒體都報導台股創高，來到 1 萬 8,000 點，或股價跌破 10 年線、國安基金護盤等情況，也是應用反身性理論的好時機。因為 90% 的人，情感明顯出現認知偏誤，必定會做出不理智的交易決策，此時不賺更待何時？

## 2.短視近利

當投資人只關注短期的利益時，大多會錯過長期的潛在收益，所以一定要有指數基金定期定額的策略。當別人無視時反而要當寶，尤其市場崩下去爆大量後，可放大指數基金加碼倉位，以此來降低成本，可惜這種喜悅在空頭市場無人可分享。

## 3.選擇疲勞

當投資人面臨過多的選擇時，必定會感到疲勞和壓力，進而採取不理智的交易決策。所以十鳥在林，不如一鳥在手。過多的明牌，反而很容易抓到冥牌，專心研究幾檔標的才會賺得開心。

## 4.記憶錯誤

當投資人的交易決策受到過去的經驗和記憶影響時，可能會忽略新的市場趨勢和情況，進而錯失投資機會。所以 90% 投資人在股市大跌之後不

敢買，但我卻搶著要。台股處於 1 萬 8,000 點的高點時人人看好，但自己卻能隨著領先指標和同時指標出現死亡交叉向下跟著放空，就是實際運用反身性理論的根本。

不過看到這，大家要了解，不能過度依賴單一反身性現象來做交易決策，而要同時考慮多項因素，如基本面、市場情緒和交易風險等，以綜合判斷市場趨勢和價格變化。

當上述所有面向都很明確表現出反身性現象時，我就會掌握先機，將有效市場賺來的穩定收益，放大槓桿，並使用損失有限的期權策略集中投入。假設輸光，頂多就是回頭重新回歸穩健收益的策略。我的膽量就是反身性理論在支持，你呢？千萬別靠主觀、運氣、還有八字啊！

## 用槓桿型ETF放大獲利

了解什麼是反身性理論之後，接著可進一步探討，反身性現象出現時要如何進場呢？當金融市場出現反身性現象時，市場波動性通常會加大，部分原因在於市場參與者對未來價格的預期會與當前價格互相影響，形成價格的連鎖反應。在這種情況下，我一定會抓住時機，因為多半可以獲得高於一般市場行情的收益，而槓桿型 ETF 就是我超額收益的工具之一。

槓桿型 ETF 是一種特殊類型的交易所交易基金，其目標是在特定市場指數上獲得一定倍數的收益。與傳統 ETF 相比，槓桿型 ETF 使用衍生性金融商品（如期貨、選擇權等）和債務工具來放大基金投資組合的價格變動，通常是在 2 倍或 3 倍的基礎上（註 2）。這意味著，當基礎指數上漲 1% 時，2 倍槓桿型 ETF 將上漲 2%，而 3 倍槓桿型 ETF 將上漲 3%。

在市場難得出現反身性現象時，我會利用槓桿型 ETF 放大獲利，取得超額收益。但使用這種策略要了解其風險，以下是槓桿型 ETF 的優點和缺點：

### 優點1》放大收益

槓桿型 ETF 短期內放大市場波動，投資人將有機會獲得高於一般市場收益的回報。

### 優點2》交易具靈活性

槓桿型 ETF 在交易所上市交易，像股票一樣可以隨時買賣，提供了靈活的交易機會。

### 優點3》入場價格相對低

反身性就是反市場，此時與市場相反的 ETF 本來就較相對順勢的 ETF 便宜。比如多頭時，元大台灣 50 反 1（00632R）沒人買，大家都在搶

0050，若剛好在市場反轉時布局，真的是便宜又超大碗，穩定收益的利潤可以買一堆。若是買入 3 倍的槓桿型 ETF，獲利高到你會怕。

## 缺點1》風險較高

由於槓桿型 ETF 放大了市場波動，投資者承受的風險也相對較高，可能在市場走向不如預期時遭受重大虧損。所以多半要在市場很極端時使用，平常我是不會使用的。

## 缺點2》表現有差異

槓桿型 ETF 的表現，因為商品結算與追蹤誤差，無法完全反映基礎指數的表現，好比 3 倍的槓桿型 ETF，股價不會剛好漲 3 倍，而是 2.9 倍。不過若看對行情還是很值得一試。

## 缺點3》資金成本較高

槓桿型 ETF 手續費高於一般 ETF，從而影響投資組合的整體收益。但該賺的還是要給人家賺，而且要在反身性現象出現時才動作，並不是長期投資。投資人要有決策者的氣度，而不是大眾的偏誤。

註 2：台灣槓桿型 ETF 以 2 倍為主，3 倍槓桿多為國外的 ETF。

## 缺點4》可能出現溢價／折價

槓桿型 ETF 可能因市場流動性差等原因，在某些情況下出現溢價或折價，即 ETF 市場價格與其淨資產價值之間的偏差。但因為是在反身性情況下使用，所以折價到沒人要，只要使用時機對，這應該算優點之一。

以下是實際的例子，說明在反身性現象發生時，使用槓桿型 ETF 進行交易的邏輯。如果沒有反身性理論的認知，你一定會覺得瘋了。

**1. 在 2020 年新冠肺炎疫情期間使用 3 倍槓桿：**2020 年 3 月是金融市場非常動盪的一個月，因為新冠肺炎（COVID-19）疫情在全球迅速擴散，各國政府採取嚴厲的措施來防止病毒傳播，導致了市場上出現不確定性和恐慌情緒。

此時若使用 3 倍槓桿的 Direxion 每日 3 倍做多 FTSE 歐洲 ETF（美股代碼：EURL）投入市場，因為在市場反身性現象下，EURL 跌到要破表，加上出現低檔爆大量、乖離率異常（詳見圖 4），這筆交易最差就是股價歸 0，輸掉約 7 美元的損失，若進場前，已經接受最差的結果，那進場開槓桿，反而是風險可控，報酬有想像空間。

**2. 在 2021 年石油危機使用 3 倍槓桿：**2021 年 8 月，石油經歷了一

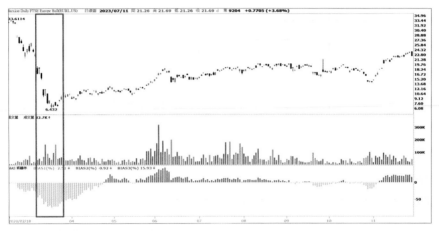

**圖4** 2020年3月EURL低檔爆大量、乖離率異常
——EURL日線圖

註：資料時間為 2020.02.18 ～ 2020.11.30
資料來源：XQ 全球贏家

場油價崩盤。若在此期間使用 3 倍槓桿的 Direxion 每日 2 倍做多標普油
氣探勘與生產 ETF（美股代碼：GUSH）進行交易。由於市場對未來油價
預期不斷下降，反身性現象導致股價持續下跌，成交量出現爆大量，乖
離率也來到統計上的超跌區間的因素，於是偏多操作（詳見圖 5）。雖然
100% 左右的收益也不是很多，但由於獲利時間短，大約只花了 3 個月的
時間，整體上還是很不錯的。

## 圖5 2021年8月石油危機時，股價低檔爆大量
——GUSH日線圖

註：資料時間為 2021.04.07 ～ 2021.12.31
資料來源：XQ 全球贏家

　　反身性理論是由喬治・索羅斯提出的金融市場觀念，凸顯投資人的預期和行為互相影響，形成非理性價格波動。此理論對投資具有指導意義，能幫助洞察市場動態，尋求超額獲利機會，並在必要時進行適當避險。

　　槓桿型 ETF 是一種以槓桿為特點的交易所交易基金，允許投資者以倍數放大投資收益，平常單獨使用面臨較高風險，但若結合反身性理論與槓桿

型 ETF，投資人可在市場波動時把握相對低價的槓桿型 ETF，進而獲得低風險與超額收益的機會。同時也可用來保護長期的投資部位，提高自己承受風險的能力。

再者，若要有效執行以上的交易觀點，穩定收益的部位要先做好，有了輸不怕的本錢，執行起來就會相對容易。否則若是有賭徒性格的投資人看到這篇，後果可想而知，畢竟人性才是投資最大的困難，共勉之！

# 藉由改良版因子模型
## 選好股穩穩賺

市場上，充斥著各種投資方式，但在效率市場的影響下，多半會是隨機性的結果，因此若想要追求穩定，方法之一就是經過回測已確定有效的因子投資，它在各種行情下都能有相當好的表現（詳見 2-3）。那麼，若把因子投資的觀念拿來選股呢？也一樣有超額報酬！所以股票投資策略之一，可以建立在因子投資的基礎上。

因子投資作為一種金融理論和有實證研究成果的投資策略，近年來已經成為國際投資界的熱點話題。可惜台股仍屬於新興市場規模，許多投資人聽到理論與實驗後興趣就去掉了一半，整體金融認知仍有待突破。聽我的勸，有股號沒認知，最終還是會賠錢的。因此，下文將著重探討因子投資與選股的應用，包括單因子、三因子、四因子、五因子（林昇改良版）等

不同模型進行詳細說明：

# 單因子模型》市場因子

資本資產定價模型（Capital Asset Pricing Model，CAPM）是現代金融理論中的一個重要模型，用於評估資產的合理收益率。單因子模型的核心思想是將資產的收益與其承擔的風險之間建立一個量化關係，認為在投資時應該追求更高的「風險溢價」以抵消風險。其中對實戰最重要的啟示之一，就是投資的風險有 2 大類別：「非系統性風險（Alpha）」與「系統性風險（Beta）」。

## 1.非系統性風險

這是與特定資產或公司相關的風險，如管理層變動、產品問題等。我是通過「分散投資」不同商品，來減少這種風險。

## 2.系統性風險

這是與整個市場相關的風險，如經濟週期、利率變動等，會影響到所有資產（現在了解為何要學總體經濟分析了吧！）。由於這種風險無法通過分散投資來完全消除，只能降低，因此在實戰進場前，大盤的多空就是觀察重點，我從來不在大盤偏空時進行多方的交易，除非提前做好避險或是

股市出現異常，例如低檔爆大量才會考慮，不然獲利的勝算將低到「欲哭無淚」。

　　由於單因子模型只考慮系統性風險因子（即市場因子），忽略了其他因素（如公司特定風險、行業風險等），因此被稱為「單因子模型」。至於為什麼單因子模型可以忽略其他因素呢？因為非系統性風險是可以透過分散投資而降低的，例如：將低相關性資產結合起來的投資組合，可以有效降低單一商品風險，透過投資組合的多元化，投資人可以將資產分散在不同的投資項目上，降低投資單一商品所帶來的風險，還可以提高整體的投資報酬率（詳見圖1）。透過適當的資產分配，可以增加收益。

　　好比買入股票後，公司卻因為遇到意外而使股價下跌，這就是商品本身的風險，但若有多檔不同屬性的投資組合，在波動過程中，就可以減少單一個股的風險。隨著投資組合內容的增加，可以把風險降到只剩下系統性風險，當然前提是個股之間的相關性要低，且大盤處在偏多趨勢。

　　舉例來說，投資人單買台積電（2330）的風險，比同時買進台積電加中華電（2412）更大；而台積電與聯電（2303）的組合，則無法降低風險。但即便是台積電與中華電的組合，在大盤偏空的走勢下，一樣覆巢之下無完卵（詳見圖2）。

## 圖1 投資愈單一化，風險愈高
——投資組合商品數量與風險的關係

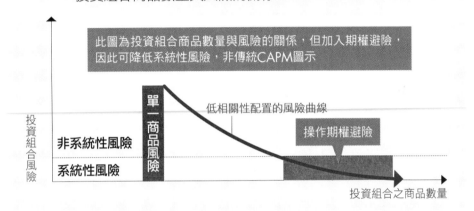

此圖為投資組合商品數量與風險的關係，但加入期權避險，因此可降低系統性風險，非傳統CAPM圖示

投資組合風險

非系統性風險

系統性風險

單一商品風險

低相關性配置的風險曲線

操作期權避險

投資組合之商品數量

　故實戰上，從風險考量的角度來看，買單一商品，不如買多種商品進行組合，且大盤要處於偏多格局（注意！就算學了後文中其他因子投資方式，也不應違反此分散定律）。如果資金有限，可善用零股、美股（以1股為單位）來建立投資組合，或是使用大盤類別的指數型 ETF，都是符合單因子模型投資的觀念。

　現在知道為何長期 ETF 容易賺錢，而單一股票容易賠錢了嗎？因為 ETF 是將多檔個股集結在一起，因此可以減少單一個股的風險，而個股投資則

需要承擔標的本身的風險與系統性風險。短期來看也許是個股賺得比較多，因為承擔的風險更大，但在行為偏誤的影響下，投資人是很難受益的，最終反而是 ETF 具有極大的優勢。

我自己在實戰上的選股條件之一，就是根據單因子模型的邏輯，採分散投資低相關性的商品，不「壓孤支」，而且是在系統性風險相對較低，大盤偏多的情況下，我才會進行投資。比如在 2021 年時，我和身邊朋友分享的幾個投資組合都有達到 100% 以上的報酬，便是基於上文所說的投資思維。

也許有人會想拿股神巴菲特（Warren Buffett）説過的話——「要把雞蛋放在一個籃子，然後好好照顧」來反駁，但問題是波克夏（Berkshire Hathaway）的績效並不比符合單因子模型精神的 SPDR 標普 500 指數 ETF（美股代碼：SPY）好，反而常常表現更差，還要承受個股的風險。且波克夏另一位掌舵人查理‧蒙格（Charles Munger）曾經説過，波克夏這些成功投資的個股，有很大的運氣成分。此外，巴菲特自己也説過類似「將 90% 以上的資金投資『極低成本』的標普 500 指數基金」。顯見投資個股未必會比投資指數型 ETF 還好。

總之，別人怎麼説並不重要，況且時間背景也不盡相同，重點是投資人

## 圖2　大盤走跌時，台積電和中華電也雙雙走跌
—— 加權指數與其他個股報酬率比較

註：資料時間為 2022.01.11 ～ 2023.01.11
資料來源：XQ 全球贏家

應該要站在科學的角度上全盤思考，而不是聽了別人的幾句話，就輕易受到影響。

## 三因子模型》市場因子＋市值因子＋價值因子

三因子模型又稱「Fama-French 三因子模型」，是由尤金・法馬（Eugene

Fama）和肯尼斯・法蘭奇（Kenneth French）所提出，是在單因子模型的基礎上，額外增加了「市值」和「價值」的風險因子。

## 1.市值因子

市值因子衡量的是小市值公司與大市值公司之間的收益差異，相對於大市值公司，小市值公司的收益表現更好，這意味著投資組合中加入小市值公司可以獲得更高的收益。但別忘了，小市值公司具有高收益的同時，也會帶來高風險，所以在風險管理的原則下，應在大市值公司高穩定性的收益產生之後，才能投資小市值公司。簡單來說，實戰過程中，應先從大市值的標的著手，等收益穩定、風險承受能力提高了，再挑戰小市值的優良企業。若是逆向操作，市場會讓你長記性的。

## 2.價值因子

價值因子衡量的是市場上價值股（具有低本益比、低市價淨值比等特徵的公司）與成長股（具有高本益比、高市價淨值比等特徵的公司）之間的收益差異。研究表明，價值股通常具有較高的收益表現，因此在投資組合應考量本益比低，成長性高的因子。至於標準則不一定，可以多檔股票進行比較或跟歷史資料比較，就會有一個概念。好比股票甲的本益比 14 倍、稅後淨利成長性 200%，一定是比股票乙本益比 30 倍、稅後淨利成長性 10% 更具投資價值。

綜合以上，在實戰上的選股邏輯，一定會基於三因子的前提，就是大盤偏多格局下，以此減少非系統性風險（個股風險）。接著考量市值大、價值高的股票，以穩定收益。待產生收益後，再考量市值小、價值高的股票，增加超額收益的機會。

## 四因子模型》三因子＋動量因子

四因子模型又稱「Carhart 四因子模型」，是在三因子模型之外，再加上「動量因子」。這裡的「動量因子」，其實就是所謂的「動量效應」。

1993 年，傑加迪什（Narasimhan Jegadeesh）和謝里丹・提特曼（Sheridan Titman）發表了一篇名為《Returns to buying winners and selling losers: Implications for stock market efficiency》的研究報告，該研究探討了股票市場中所謂的「動量效應」。在這篇報告中，檢視了過去 6 個月～ 12 個月表現最好和表現最差的股票，並觀察它們在未來幾個月內的表現，目的是為了評估股票過去的價格表現是否可以用作預測未來表現的有效訊息。

研究結果顯示，過去表現良好的股票在接下來的幾個月內往往會繼續表現優異，而過去表現較差的股票則在未來幾個月內繼續表現疲弱，這種現

象被稱為「動量效應」。所以在實戰上，一定是買入過去表現較好的股票進行投資組合，並賣出表現較差的股票來獲得超額收益的機會。

而經過我多年研究全球股市後發現，動量效應與籌碼之間存在肯定的關聯。動量效應依賴於過去價格表現，來預測未來的股票表現，而籌碼則可以代表機構法人的持有情況。籌碼變化反映了市場參與者對價格走勢的看法，進而反過來影響股票的動量效應。

例如，當 1 檔股票具有正向動量，即過去表現良好時，許多投資人可能會被吸引加入該股票，從而使價格繼續上漲。這種情況下，籌碼與動量的關聯就是正面的。因此實戰上，股價要處於偏多格局，同時籌碼也要有所表現，就成為我選股的鐵律。

## 改良版五因子模型》四因子＋盈利因子

五因子模型和三因子模型一樣，是由尤金・法馬和肯尼斯・法蘭奇所提出，是在市場因子、市值因子和價值因子之外，額外加入「投資因子」與「盈利因子」，用於解釋股票投資的收益和風險。但經我回測後發現，與投資因子相比，盈利因子對長期收益更重要，故我沿用四因子模型的概念，將五因子模型改良成為「市場因子、市值因子、價值因子、動量因子

和盈利因子」。

　　盈利因子又稱「盈利能力因子」，是衡量不同公司之間，盈利能力的高低與收益的差異。高盈利能力公司往往有較高的預期收益，長期持有的投資人自然也跟著獲利。因此在選股條件中，我都以高盈利能力的公司為主，一來穩定，二來可持續帶來更好的收益。

　　與盈利因子相關的財務分析項目有毛利率、稅後淨利成長率、每股盈餘（EPS）等，這些都是用來評估公司盈力能力指標，投資前都是必要檢視的項目。

　　現在我整理一下到目前為止的重點：

　　1. **單因子模型（市場因子）**：利用「投資組合」來降低單一個股風險，但無法降低系統性風險，因此大盤趨勢必須偏多，或是進行期權避險才可減少其影響。

　　2. **三因子模型（市場因子＋市值因子＋價值因子）**：在偏多趨勢下的投資組合中，加入「市值」與「價值」的觀念，以此選擇個股來建立部位。想要穩定的選市值大的股票，想要高報酬的則以市值相對小的股票為主，

但價值因子都要相對夠高。

3. 四因子模型（市場因子＋市值因子＋價值因子＋動量因子）：在三因子的基礎上，再加入「動量」的觀念，而我再補上「籌碼與動量之間的相關性」，以此來判斷股價偏多之外，籌碼若能產生共振一同偏多，將在供需定律的帶動下，提升股價上漲的機率。

4. 改良版五因子模型（市場因子＋市值因子＋價值因子＋動量因子＋盈利因子）：在四因子模型下，我維持動量因子的存在，並捨去投資因子，只留下本來五因子模型的盈利因子，所以改良後的五因子模型是我個人制定的，非正規的五因子模型。

## 實際運用改良版五因子模型選股

在上面研究中，我們深入了解了單因子模型、三因子模型、四因子模型以及改良版五因子模型，並認識到它們在投資領域中的重要性。有了這些知識，就可以進入實戰選股的說明。我們以 2023 年 1 月到 2023 年 4 月這段時間來舉例：

**步驟 1》** 2023 年 1 月 9 日，加權指數站上極光波段，且主力進出布局

多，這意味著市場開始呈現偏多的態勢。於是我開始偏多思考，這就是結合因子投資中的單因子策略，只在市場偏多時，進行個股操作。

**步驟 2》**接著，我們可以將台股 1,700 多檔股票依市值進行排序。以 2023 年 1 月 9 日到 4 月 10 日這段期間的個股區間漲幅來看，可以發現光是依「市值因子」進行排序，這段期間報酬率呈現正值的股票占了大多數，這在選股勝率上已經相當高了。但若是在大盤偏空的格局中，就會發現大多數的股票都是下跌的，所以也不可輕忽市場因子的影響。

**步驟 3》**確認選股勝率高以後，再進行相關財務項目的過濾，可觀察本益比、毛利率、稅後淨利成長率和每股盈餘等指標。例如：在考量價值因子下，本益比若太大，則稅後淨利成長率要夠，不然就要以本益比較小的股票為優先；毛利率愈高愈好，茅山道士（指毛利率 3%～ 4% 的股票）的就放過；EPS 一定要大於 0，因為長期投資，不會去買一家不賺錢的公司，就算是轉機股也要是在已經沒有良好企業可選擇了才會進行，而且這屬於超額收益的投機行為，應在穩定收益之後才去進行。

依據上面的步驟選出台積電、聯發科（2454）、聯電、聯詠（3034）、力旺（3529）等標的後，可以看到大多數標的在因子投資策略下都有正報酬（詳見圖 3）。

### 圖3 大盤偏多時，因子投資策略選出的標的多為正報酬
——加權指數與多檔個股報酬率比較

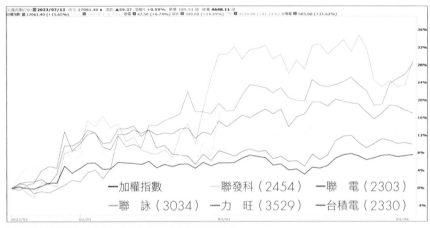

註：資料時間為 2023.01.09 ～ 2023.04.10
資料來源：XQ 全球贏家

　　**步驟 4》**接下來我們再加入籌碼動能的因子。以這段期間報酬率達
20%、30% 左右的聯電和聯詠來看，主力都是買多賣少（詳見圖4）。
因為篇幅的關係，此處只列出 2 檔標的，不過就算列出 50 檔標的進行檢
視，結果其實也是接近的。從圖 4 中我們可以看到這 2 檔標的的共同性，
一來都是跟著大盤方向，二來都有籌碼動能的推動，所以在因子投資策略
下，只要符合大盤偏多時建立投資組合，選股過程中考量到市值、價值、

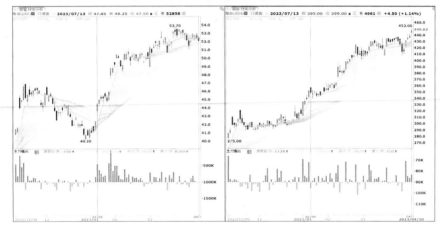

**圖4 2023年年初，聯電和聯詠的主力買多賣少**
——聯電（2303）、聯詠（3034）日線圖

註：資料時間為 2022.11.09 ～ 2023.04.10
資料來源：XQ 全球贏家

成長性與動能等，整體獲利都能有不錯的表現。

本章節從單因子模型、三因子模型、四因子模型、五因子模型（林昇改良版）的演變入手，探討了因子投資在選股中的應用。

單因子模型認為投資的收益與市場風險之間存在線性關係，所以在進場

時考量大盤趨勢,可降低投資組合的波動性。隨後,三因子模型加入「市值」和「價值」兩個因子,並結合價值因子可實現較好的收益表現。四因子模型在三因子模型的基礎上加入「動量因子」,選擇近期表現較好,籌碼在布局的股票,可再獲得額外收益。五因子模型(林昇改良版)則進一步引入「盈利因子」,將公司的經營績效納入選股範疇,進而實現長期穩定收益的可能性。

不過,值得注意的是,因子投資並非 100%,萬無一失的策略,不同的市場環境和時期,對各種因子的影響可能會有所不同。讀者在實踐中應保持謹慎態度,定期檢視投資組合,該執行的風險管理仍不可少,如此才能確保交易策略符合市場隨機性的變化。

( 5-4 )

# 4方法抓交易時機
## 進退有據不踩雷

當股票的基本面很好時，隨時進場投資都可以獲利嗎？答案是不一定，因為就價格與價值的角度來看，若進場時買貴了，只要公司成長性一趨緩，比如營收年增率從 50% 掉到 30%，不符合市場的高度預期時，股價就會直直落；若從籌碼的角度來看，若進場時多方力道竭盡，那麼股價再漲程度有限，下跌卻有份；而就技術面的角度來看，若在乖離率過大時進場，就是最後一隻白老鼠的代名詞。

從上文敘述可知，儘管公司擁有卓越的財務基礎，但若在不適當的時機進行股票買賣，仍有可能陷入持續多個季度的盤整行情，由此導致巨大的機會成本。只有在正確的時間買入基本面佳的股票，才有可能獲利。因此，我將分享 4 個在實戰中掌握時機的方法，期許為讀者帶來啟發，在相對正

確的時機進退，實現更加穩定的回報結果。

## 方法1》追蹤經濟指標捕捉「股市大行情時機」

　　首先從追蹤經濟指標數據開始。經濟指標是衡量經濟狀況和發展趨勢的數據和統計資訊，對於股市投資來說，經濟指標會塑造市場的行為和走勢。由於美股與台股相關性很高，因此追蹤美國的國內生產毛額（GDP）、利率和貨幣政策、消費者物價指數（CPI）等「經濟指標的數據變化」是必要的（詳見表1）。

　　不過要注意的是，美國經濟指標與美股大盤走勢的相關性，會因為經濟週期而有所變化。好比表1列出的美國經濟指標，它們與標普500（S&P 500）指數的相關性，就不是永遠固定的。

　　一般情況下，GDP對標普500指數的影響會比CPI還高，但在2022年到2023年期間卻是倒過來的，CPI對標普500指數的影響比GDP更高。因此保持彈性很重要，千萬不要像背書一樣僵化，才能在隨機市場中保持盈利。

　　既然表1這些經濟指標的數據變化對行情漲跌有極大的影響性，而且也

## 表1 一般情況下，GDP對標普500指數的影響會比CPI高
——美國經濟指標與標普500指數的相關性

| 經濟指標 | 影響程度 |
|---|:---:|
| 國內生產毛額（GDP） | 高 |
| 利率和貨幣政策 | 高 |
| 消費者物價指數（CPI） | 中 |
| 生產者物價指數（PPI） | 中 |
| 非農就業人數 | 高 |
| 貿易數據（進出口和貿易差額） | 中 |
| 工業生產指數和製造業指數 | 中 |
| 房地產市場數據 | 中 |
| 消費者信心指數和企業信心指數 | 中 |

有隨機性的變化，因此實戰上我會把它們「統統」列入觀察（註1），並參考該數據的「發布日期」與「前值或市場預測」，當發現經濟指標數據與前期或市場預測差異太大時，往往就是股市大行情的時機。

發布日期有了、經濟數據與前期或市場預測的差異程度有了，想要抓對

---

註1：投資人可以利用 DailyFX 網站的財經日曆（網址：www.dailyfxasia.com/calendar）等網路免費資源得知美國過去的經濟數據，以及未來7天將公布的經濟數據。

交易時機就相對簡單了。投資人只要在經濟數據發布的「時間點」，盯著台指期夜盤的變化進行交易就可以。若發布時間點過了，沒行情我就會去休息，若有行情則跟著方向走，如此獲利並不難！

　要留意的是，經濟數據的好壞雖然會影響股市，但對於漲跌方向的走勢卻不是那麼肯定。例如 2015 年美國非農就業人數比預期好，道瓊平均工業指數（以下簡稱道瓊指數）上漲；2018 年非農就業人數報告佳，但受到通膨壓力和中美貿易戰風險影響，道瓊指數反而下跌。因此，我在使用經濟數據發布日期抓交易時機時，不會太執著於預期方向，而是在發布日期時，跟著盤中的漲跌方向操作。

　此方法看起來簡單，卻不是任何人都能做到，因為這通常需要對宏觀經濟數據、公司財報、政策變化等公開資訊進行深入長期研究，才能在市場波動時做出適當決策。因此，對那些不願努力的投資者來說，資訊差距（註2）過大，即使掌握了明確的交易策略和時機，往往也難以發揮效果。大部分投資人只會偶爾瀏覽財經日曆，能夠連續 10 年關注財經日曆的人，卻寥寥無幾。大家都期望找到神祕的交易方法和訊號，但實際上，長期持續追蹤經濟數據變化的基本功，才是獲取利潤的根本所在。

　不只是美股適用此方法來抓交易時機，台股也差不多，因為賺錢的定律

都一樣。既然重大經濟事件對大盤行情有影響，那財務報告也會對個股有影響，而且台股的好處在於資訊很透明，公司除了每月 10 日都會公布上個月的營收，季報、年報日期也都很明確。投資人可趁平常做好功課，接下來只要等行情出現再上車就好，管他是「南下」還是「北上」。重點是火車動起來都會是一段「旅程」，要懂得在車上看美景。

好比 2023 年 4 月 10 日台積電（2330）公布 3 月營收時，年增率出現負值，股價從營收公布後就展開一段「南下」行情（詳見圖 1），有在追蹤數據的人，自然就可好好掌握賺錢的風景。畢竟台積電的營收年增率從 2022 年 10 月就開始一路降，直到 2023 年 3 月出現負值，這需要有什麼預測能力嗎？不過是需要持續追蹤罷了。所以大家在觀察經濟指標數據變化時不用預測，只需要知道發布日期就好，此乃掌握時機的關鍵！

## 方法2》追蹤OBV指標捕捉「趨勢交易時機」

趨勢交易時機是指在趨勢交易策略中，應何時進入市場買入股票，以及

---

註 2：資訊差距指的是投資人對公開資訊的研究和分析能力超過其他人，從而能更快、更準確地捕捉到市場機會。

何時賣出股票以實現盈利的最佳時機。選擇合適的時機非常重要，因為它會直接影響到投資人的收益。我用 2 種方法來掌握趨勢交易時機，一種是前面說過的「極光波段」（詳見 3-4），再者就是更為進階的「OBV 指標」。

OBV 指標的中文為「能量潮指標」或「平衡量指標」，是用於衡量資金流入和流出的強度，基本原理是將「成交量」與「股價變動」相結合，以了解標的的需求和供應關係。當 OBV 指標上升，表示買方較為強勢；當 OBV 指標下降，則表示賣方較為強勢。

但一般 OBV 指標的用法經我回測後，發現並不容易獲利，因為 OBV 指標對於市場中的短期波動較為敏感，無法區分「真正的趨勢變化」和「短期波動」之間的差異。所以若只是看了網路上的 OBV 指標使用教學就想要成功獲利，那就想太多了。

我使用的 OBV 指標是加入趨勢形成的過濾系統，由不同週期的 OBV 指標組成，適用任何有價格與成交量的商品。舉例來說，2021 年 2 月，長榮（2603）短期 OBV 指標向上穿越中期 OBV 指標（詳見圖 2 之紅圈處），此為黃金交叉，可偏多思考，自然偏多布局。圖 2 中有很多進場的位置，不管是有遠見的在一開始上漲時切入，或是待多方趨勢完成之後再進場，收益都是很可觀的。自己做功課賺最大，若等市場訊息出來，不但

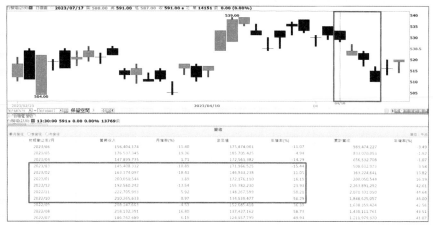

**圖1** 台積電2023年3月營收年增率出現負值拖累股價走弱
——台積電（2330）日線圖及營收表現

註：資料時間為 2023.02.23 ～ 2023.04.17
資料來源：XQ 全球贏家

價格創高，籌碼也亂七八糟，反而是高風險。

　　OBV 指標是價格與量能共同計算的結果，如此可以減少價漲量增、價漲量縮，一些有的沒有的認知誤判，自然可以提高抓到波段行情的機會，若配合財務分析中的價值判斷，如本益比、股價淨值比都相對較低，而成長性又高的話，抱起來將更有信心，不會輕易被洗刷，而錯失波段收益。

不過所有的信號與判斷方式都有其缺點，OBV 指標也是一樣，經過漲與跌兩種信號的回測結果發現，OBV 指標黃金交叉的有效性很高，但 OBV 指標死亡交叉信號的有效性偏弱，這是由行為金融學中的損失厭惡造成的。一旦股價低於成本，能紀律執行停損的投資人仍是少數，多半會想再「拗」看看，但一拗下去就變成「錯誤行為合理化」的長期股東。因此 OBV 指標死亡交叉信號的有效性多是慢半拍，若用來放空或停利，都不值得參考，這時候就要利用接下來要介紹的「逆勢交易時機」信號來提前接收警訊。

市場面有很多技術分析的信號，標榜著黃金交叉買進，死亡交叉賣出，這在根本上是違反底層邏輯的，因為在行為偏誤下，投資人買進與賣出的行為並不一致，光靠一個指標的黃金交叉或是死亡交叉，並不能呈現出這種買賣心理的差異性。因此，投資人自己應有覺知，持續學習，才能夠判別真相。

## 方法3》追蹤VR指標捕捉「逆勢交易時機」

前面提到的趨勢交易時機有一個問題，就是趨勢的頭與尾需要放棄，因為趨勢在未形成之前，不能被定義為「趨勢」，而當趨勢已經成立後，行情又已經過去了，因此趨勢的頭尾經常不易獲利。好比 OBV 指標在黃金

## 圖2 OBV指標黃金交叉時可進場布局
—— 長榮（2603）日線圖

註：資料時間為 2021.01.21 ～ 2021.08.17
資料來源：XQ全球贏家

交叉之前，行情就已經上漲了，但因為OBV指標尚未黃金交叉，之前上漲的行情就得要捨棄。同理，OBV指標死亡交叉也是同樣的道理。

交易之神傑西・李佛摩（Jesse Livermore）說過：「放棄想抓住最高點或者最低點的努力，這是世界上最昂貴的點，股票交易者為它們化的錢，足以建起一條穿過大陸的高速公路。」然而市場訊息總以最高點與最低點

來吸引目光，讀者要有免疫系統多想想合理性。

　　那要如何減少趨勢交易捨棄頭尾的問題呢？最簡單的方法就是把交易週期調得更小，比如將日線的交易週期調成 4 小時，就會提早發現交易信號。但是這樣做又會衍生出另一個問題，那就是當交易週期愈短時，雜訊愈多，交易成本將成為虧損的主要原因，因此我自己是使用「逆勢交易」的方式來進行。

　　逆勢交易簡單來說就是判斷趨勢交易中的異常情況，一旦異常出現，往往代表本來的趨勢交易將進入反轉，可以提早為投資人示警，且效果非常好。

　　因為逆勢交易是利用投資人的非理性行為（像是過度自信、代表性偏誤、錨定效應等）來判斷的，由於這些行為偏誤會導致市場出現過度反應，例如出現反身性現象等，因此，我只要在一段趨勢中抓住這個現象，進而停利或作為反向交易的時間點，收益表現並不亞於傳統的趨勢交易，而具體方法是使用「VR 指標」。

　　VR 指標的中文為「成交量比率指標」，是一種基於成交量的技術分析工具。它主要用於判斷市場的買盤和賣盤力道，從而預測未來股票價格的

走勢。VR 指標的計算方法是將一定時期內上漲日的成交量與下跌日的成交量進行比較，從而得出市場的多空力量對比。

但因為市場的成交量在上漲時，可以說較無上限，畢竟貪婪程度無固定的標準，不同股票也都不同，然而卻可以自己與過去的程度進行比較，當股價上漲，且 VR 指標來到相對高檔，表示市場有大量投資人短期介入追價，此時就是停利、放空較容易成功的位置。

同樣再以長榮為例，2022 年 5 月，OBV 指標尚未死亡交叉，但是從 VR 指標來看，已經創近期新高了（詳見圖 3 之❶）。像這種情況，就是本來偏多的趨勢中出現異常，此為逆勢交易的時機。於是便將本來偏多的部位開始啟動移動停利，留住一定比率的收益。而且因為有了收益，就有放空的本錢與膽量。既然市場如此貪婪，買盤竭盡明顯可見，那就順勢空下去吧！

既然 VR 指標空點明確，那何時為放空的停利點呢？我一般會考量 VR 指標來到區間相對低的位置，雖然 OBV 指標仍在死亡交叉的情況，但這表示市場成交量的變化情況已不明顯了（詳見圖 3 之❷）。簡單來說就是多數人都已經放棄，該停損的也已經停損了，此時賣壓有限，也許股價未來可能會更低，但未知數也會變多，於是開始移動停利，讓市場決定波段利

潤有多大，但由我決定至少賺多少比率，如此操作反而經常賺到下行的波段收益。

從前文例子可以看出，將 OBV 指標與 VR 指標結合之後，很簡單就能發現 OBV 指標黃金交叉與 VR 指標相對低點時的趨勢交易起漲點。反之，當股價來到相對高檔時，也可以透過 VR 指標異常偏高來提早發現可能的放空點。如此在趨勢交易與逆勢交易之間來回操作，就掌握市場的波動形成盤感。

## 方法4》追蹤布林通道捕捉「水平突破交易時機」

除了掌握趨勢交易時機與逆勢交易時機之外，我也會使用另一個賺大波段的「水平突破交易時機」。

一般突破的原理，是當價格突破了某個關鍵的支撐或阻力位時，意味著市場的趨勢已經形成，並且可能會延續一段時間。但若將上述條件進行回測時，會發現報酬表現一般，有時連大盤都無法超過，這就是為何市場上總是在找突破區間、計算突破價位，算來算去卻少有極佳的獲利表現。因此，我的突破交易時機有個前提，就是過去要有一段很長的時間（至少要20 天以上），波動趨近於水平走勢，然後在出現明顯的漲勢時才介入，

### 圖3 OBV指標尚未死亡交叉但VR指標創新高，可進場布局
──長榮（2603）日線圖

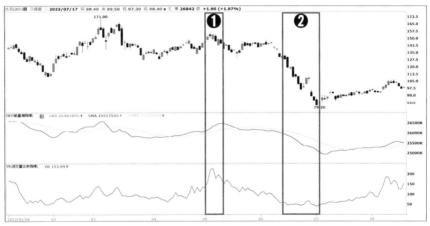

註：資料時間為 2022.01.04 ～ 2022.08.17
資料來源：XQ 全球贏家

因此稱為「水平突破交易時機」！

　　而要表現此走勢邏輯，就是使用「布林通道」。布林通道是基於常態分布的統計原理，利用股票價格的標準差來衡量價格波動性，並識別潛在的買賣點。布林通道由一條中線和兩條上下通道線組成，通常中線是 20 日的簡單移動平均線，上下通道線則分別為中線加減 2 倍的標準差，不過實

務上為了更能看出布林通道打開的情況，我會用 60 日的簡單移動平均線
與 1 倍的標準差。當一段時間內行情的波動很小時，均線與標準差都會在
一個很小的水平區間，直到有一天標準差開始「打開」時，就是我所認定
的突破。

　　舉例來說，聯德（3308）在 2021 年 12 月以前，股價有很長一段時
間在很小的水平區間震盪（詳見圖 4 之❶）。水平整理區間愈小，維持時
間愈久，一旦打開，我視為水平突破交易時機（詳見圖 4 之❷），以跌破
水平區間之下為停損點，然後進場偏多交易。

　　至於何時停利呢？有讀者可能會想到看 VR 指標，但實戰上，會出現水
平走勢很長一段時間的，在成交量的變化上，參考性不高，因此我仍然使
用移動停利方式，只要拉回比率沒碰到就持續抱住。由市場決定利潤，我
只預設獲利比率。

　　倘若遇到股價突破水平區間，卻沒有展開大波段行情的個股，這種時候
該怎麼辦呢？因為此種個股過去股價是水平走勢，賣壓也低，要跌有限，
若沒有遇到自己預設的停損點──跌破水平區間之下的話，那我多半還是
會繼續持有，畢竟這種水平區間突破的標的並不多，一旦找到就不會輕易
放過。也許進場之後到發動需要一段時間，但因為波段利潤很驚人，算是

## 圖4 當布林通道打開時，就是水平突破交易時機
—— 聯德（3308）日線圖

註：資料時間為 2021.08.19 ～ 2022.04.20
資料來源：XQ 全球贏家

一種收益的補償。1 年做幾次，勝過人家做 10 年。考量時間成本之後，還是滿值得的。

　　從上述例子可以看出，水平突破交易時機的獲利相當驚人，且持有成本就在發動點，交易心理也不怕上下洗刷。我進場時都是抱持著這樣的思維——大不了不賺，但若要賺就要賺波段。因為這種長期走平，突然發動

的標的並不多見，一旦咬到，除非跌破本來水平區間之下的停損價位，不然我都會持有一段很長的時間。這種標的只有當收益高於大盤平均收益 7% 以上時，我才會啟動移動停利，在這之前，只要停利點沒碰到，就會一直抱。

要注意的是，布林通道在實戰上並不適合正常波動的標的，因為一下股價在常態，一下股價又標準差過大，與常態分布的統計精神有所違背。當正常與意外天天發生時，就像「狼來了」的寓言故事，失去警示的意義了。

本章闡述了 4 種掌握交易時機的方式，這裡再幫大家複習一下：

經濟指標數據發布日的重點，在發布日期、數據與前期或市場預測的差距，只要長期追蹤與執行，都有很不錯的獲利機率。

使用 OBV 指標進行趨勢交易的邏輯，是捕捉量與價之間的關聯。當 OBV 黃金交叉向上時，偏多趨勢較強；相反，當 OBV 指標死亡交叉時，暗示趨勢即將改變。不過因為 OBV 指標反應較慢，應配合 VR 指標才能提高有效性。

VR 指標是在進行逆勢交易時，尋找異常的情況，當 VR 指標處於相對高

點時，表明市場追價嚴重，反而行情易跌難漲。

　　接著，布林通道則是判斷水平突破交易時機的好指標，當布林通道打開，表示市場趨勢已經改變，是進場時機，應掌握這難得一見的波段利潤。

　　綜上所述，不管是哪種交易時機的方法，仍需要不斷學習與調整，並且將之前所教的章節，如總經、財報、籌碼等技巧，一同使用，如此才能取得共振的最大交集收益。絕對不要像我以前還是新手時，看到技術分析的 KD 指標黃金交叉，就急著進場，損益直接被市場打了個大叉叉，臉也跟叉燒包一個樣。

國家圖書館出版品預行編目資料

超級回報：股市贏家的賺錢法則／林昇著. -- 一版. -- 臺北市：
Smart智富文化，城邦文化事業股份有限公司，2023.09
　　面；　公分
ISBN 978-626-97439-2-6（平裝）

1.CST：股票投資 2.CST：投資技術 3.CST：投資分析

563.53　　　　　　　　　　　　　　　　　　112012602

# Smart 智富

## 超級回報：股市贏家的賺錢法則

| | |
|---|---|
| 作者 | 林　昇 |
| 企畫 | 周明欣 |

商周集團
| | |
|---|---|
| 執行長 | 郭奕伶 |
| 總經理 | 朱紀中 |

Smart 智富
| | |
|---|---|
| 社長 | 林正峰 |
| 總編輯 | 劉　萍 |
| 總監 | 楊巧鈴 |
| 編輯 | 邱慧真、施茵曼、林禹盈、陳婕妤、陳婉庭、蔣明倫、劉鈺雯 |
| 協力編輯 | 曾品睿 |
| 資深主任設計 | 張麗珍 |
| 封面設計 | 廖洲文 |
| 版面構成 | 林美玲、廖彥嘉 |

| | |
|---|---|
| 出版 | Smart 智富 |
| 地址 | 104 台北市中山區民生東路二段 141 號 4 樓 |
| 網站 | smart.businessweekly.com.tw |
| 客戶服務專線 | （02）2510-8888 |
| 客戶服務傳真 | （02）2503-5868 |
| 發行 | 英屬蓋曼群島商家庭傳媒股份有限公司城邦分公司 |

| | |
|---|---|
| 製版印刷 | 科樂印刷事業股份有限公司 |
| 初版一刷 | 2023 年 9 月 |
| ISBN | 978-626-97439-2-6 |

定價 380 元